城市轨道交通安装工程施工图集

1. 铺轨工程

主编：袁 杰　张 辉　李俊卫　伍建军
主审：胡卿纪　张 度　张永黔　张小勇

中国建筑工业出版社

图书在版编目（CIP）数据

城市轨道交通安装工程施工图集 1.铺轨工程/袁杰等主编.—北京：中国建筑工业出版社，2018.6
ISBN 978-7-112-22133-2

Ⅰ.①城… Ⅱ.①袁… Ⅲ.①城市铁路-铺轨-工程施工-图集 Ⅳ.①U239.5-64

中国版本图书馆CIP数据核字（2018）第081669号

责任编辑：胡明安
责任校对：姜小莲

本书包括的主要内容有：绪论、轨道结构与主要机械设备、施工设计说明、铺轨基地建设、主要施工工艺、施工安全管理、工程进度管理等内容。本书以现行的城市轨道交通工程施工及验收规范、规程和工程质量验收标准为依据，结合施工经验和传统做法，以图文形式介绍我国城市轨道交通铺轨工程施工方法。本书实用性强，内容全面、新颖，通俗易懂。旨在提高城市轨道交通工程轨道施工与管理标准化水平。

本书可供从事于城市轨道工程轨道施工、管理等相关专业人员使用，也为高校轨道工程和相近专业师生使用。

城市轨道交通安装工程施工图集
1.铺轨工程

主编：袁 杰 张 辉 李俊卫 伍建军
主审：胡卿纪 张 度 张永黔 张小勇

*

中国建筑工业出版社出版、发行（北京海淀三里河路9号）
各地新华书店、建筑书店经销
霸州市顺浩图文科技发展有限公司制版
大厂回族自治县正兴印务有限公司印刷

*

开本：787×1092毫米 横1/16 印张：15¾ 插页：2 字数：413千字
2018年8月第一版 2018年8月第一次印刷
定价：**60.00**元
ISBN 978-7-112-22133-2
（32031）

版权所有 翻印必究
如有印装质量问题，可寄本社退换
（邮政编码100037）

本书编委会

顾　　问：罗运安　安玉龙　柳　林　程敦伍　王炳华　孟庆军　张　凯　胡振亚　杨志勇　李文柱
　　　　　　何旭升　许　健　周雄威　何志文　周　洋　王中华　崔　强　覃文杰　任攀峰　周　峰
　　　　　　任八峰　李挺武　肖西振　张　睿　阚道林　王会乾　李国强　蒋雅君　钟有信　孙会良

主　　编：袁　杰　张　辉　李俊卫　伍建军

副 主 编：张睿航　周　睿　覃坚鹏　李宗恩

主　　审：胡卿纪　张　度　张永黔　张小勇

参编人员：张海冬　陈阳光　刘家明　马继军　张智林　秦开全　吴志明　奉明静　孙拓东　魏千舒
　　　　　　朱成潞　廖　达　张　寰　任　晖　谭木荣　樊剑男　王　冠　李建鹏　南佳忻　史有明
　　　　　　唐存礼　聂俊杰　李红卫　黄麒熙　谢　文　周世松　刘志强　纪维城　武亚宇　陈　韬
　　　　　　张彦彬　史邓琼

参编单位：中国建筑股份有限公司
　　　　　　中国建设基础设施有限公司
　　　　　　中建广西投资发展有限公司
　　　　　　南宁轨道交通集团有限责任公司
　　　　　　中建轨道电气化工程有限公司
　　　　　　中建八局轨道交通建设有限公司
　　　　　　中建隧道建设有限公司
　　　　　　中建交通建设集团有限公司

序

  我国城市轨道交通发展迅速，据不完全统计，截至 2017 年年末，中国内地共有 62 个城市的城轨交通线网规划获批，规划线路总长 7293km。随着城市轨道交通工程发展规模的扩大和社会的发展，对城市轨道交通工程施工提出了更高的要求。

  轨道作为城市轨道交通的重要组成部分，直接承受列车荷载，引导列车运行，其施工质量的保证是轨道交通工程建设的关键环节。铺轨工程具有专业性强、多数属地下作业、线路类型多、扣件型号复杂、轨料运输难度大、协调工作量大等特点，随着城市轨道交通建设的迅猛发展，迫切需要培养大量的铺轨工程技术和管理人才。本图集以南宁轨道交通 2 号线铺轨工程为依托，科学、规范地总结了城市轨道交通铺轨工程的施工技术和管理要点。

  本图集内容图文并茂、资料翔实，较系统地介绍了铺轨工程的施工管理过程，内容主要包括轨道结构组成及主要机械设备、铺轨基地、铺轨施工工艺等技术知识，以及铺轨施工进度、质量、安全管理等管理知识。作为指导性工具书，其专业性、实用性强，参考价值大，它的出版将为广大同行提供相互交流和学习的机会。

肖龙鸽

2018 年 6 月

前 言

为提高目前我国城市轨道交通铺轨工程设计与施工的整体水平，为设计与施工人员在工作中提供方便，中国建筑股份有限公司南宁轨道交通2号线项目经理部依托成熟的轨道施工与管理的成功经验，组织长期从事轨道施工与管理的专业人员，编写了《城市轨道交通安装工程施工图集 1.铺轨工程》。本图集涉及轨道结构与主要机械设备、铺轨基地建设、主要施工工艺、工程进度管理、轨道施工安全管理五个方面，以现行城市轨道交通铺轨工程施工及验收规范、规程和工程质量验收标准为依据，结合多年的施工经验和传统做法，以图文形式介绍城市轨道交通铺轨工程的设计与施工方法。图集中涉及的设计施工方法既有传统的方法，又有目前正在推广使用的新技术。

本图集旨在提高城市轨道交通工程轨道施工与管理标准化水平，可供从事于城市轨道工程轨道设计、施工、管理等相关专业人员使用，也为高校轨道工程和相近专业学生提供参考。

在本书编写过程中得到了中国建筑股份有限公司有关领导的指导及南宁轨道交通2号线轨道标段相关同事的大力支持，在此一并表示感谢。

由于编写人员水平有限，加之付梓仓促，本书难免存在疏漏和不足之处，敬请各位专家及读者批评指正。

编者

目 录

1 绪 论

1.1 我国城市轨道交通发展概况 ······ 2
    GD1-1（一）　我国城市轨道交通发展概况（一）······ 2
    GD1-1（二）　我国城市轨道交通发展概况（二）······ 3
    GD1-1（三）　我国城市轨道交通发展概况（三）······ 4
    GD1-1（四）　我国城市轨道交通发展概况（四）······ 5
    GD1-1（五）　我国城市轨道交通发展概况（五）······ 6

1.2 南宁轨道交通 2 号线建设概况 ······ 7
    GD1-2（一）　南宁轨道交通 2 号线建设概况（一）······ 7

1.3 轨道工程在城市轨道交通中的价值和地位 ······ 8
    GD1-3（一）　轨道工程在城市轨道交通中的价值和地位（一）······ 8

1.4 本书的主要内容 ······ 8

2 轨道结构与主要机械设备

2.1 轨道结构组成及技术标准 ······ 10
    GD2-1　轨道结构组成及技术标准 ······ 10

2.2 钢轨及配件 ······ 11
    GD2-2（一）　钢轨及配件（一）······ 11
    GD2-2（二）　钢轨及配件（二）······ 12
    GD2-2（三）　钢轨及配件（三）······ 13
    GD2-2（四）　钢轨及配件（四）······ 14

2.3 扣件 ······ 15
    GD2-3（一）　扣件（一）······ 15
    GD2-3（二）　扣件（二）······ 16
    GD2-3（三）　扣件（三）······ 17
    GD2-3（四）　扣件（四）······ 18
    GD2-3（五）　扣件（五）······ 19

2.4 轨枕 ······ 20
    GD2-4（一）　轨枕（一）······ 20
    GD2-4（二）　轨枕（二）······ 21
    GD2-4（三）　轨枕（三）······ 22

2.5 道岔 ······ 23
    GD2-5（一）　道岔（一）······ 23
    GD2-5（二）　道岔（二）······ 24
    GD2-5（三）　道岔（三）······ 25

2.6 道床 ······ 26
    GD2-6（一）　道床（一）······ 26
    GD2-6（二）　道床（二）······ 27
    GD2-6（三）　道床（三）······ 28
    GD2-6（四）　道床（四）······ 29
    GD2-6（五）　道床（五）······ 30

2.7 钢轨伸缩调节器 ······ 31
    GD2-7　钢轨伸缩调节器 ······ 31

2.8 轨道减振结构 ······ 32
    GD2-8　轨道减振结构 ······ 32

2.9 附属设备 ······ 33
    GD2-9（一）　附属设备（一）······ 33

GD2-9（二） 附属设备（二）············34	GD3-3（一） 轨道主要设备设计方案（一）············57
2.10 安全设备············35	GD3-3（二） 轨道主要设备设计方案（二）············58
GD2-10（一） 安全设备（一）············35	GD3-3（三） 轨道主要设备设计方案（三）············59
GD2-10（二） 安全设备（二）············36	GD3-3（四） 轨道主要设备设计方案（四）············60
2.11 主要机械设备············37	GD3-3（五） 轨道主要设备设计方案（五）············61
GD2-11 主要机械设备清单············37	GD3-3（六） 轨道主要设备设计方案（六）············62
GD2-12（一） 铺轨型机具（一）············38	GD3-3（七） 轨道主要设备设计方案（七）············63
GD2-12（二） 铺轨型机具（二）············39	GD3-3（八） 轨道主要设备设计方案（八）············64
GD2-12（三） 铺轨型机具（三）············40	**3.4 轨道结构设计**············65
GD2-12（四） 铺轨型机具（四）············41	GD3-4（一） 轨道结构设计（一）············65
GD2-13（一） 无砟轨道小型料具（一）············42	GD3-4（二） 轨道结构设计（二）············66
GD2-13（二） 无砟轨道小型料具（二）············43	GD3-4（三） 轨道结构设计（三）············67
GD2-13（三） 无砟轨道小型料具（三）············44	GD3-4（四） 轨道结构设计（四）············68
GD2-13（四） 无砟轨道小型料具（四）············45	GD3-4（五） 轨道结构设计（五）············69
GD2-13（五） 无砟轨道小型料具（五）············46	GD3-4（六） 轨道结构设计（六）············70
GD2-14（一） 无缝线路施工工具设备（一）············47	**3.5 轨道附属设备设计方案**············71
GD2-14（二） 无缝线路施工工具设备（二）············48	GD3-5（一） 结构附属设备设计方案（一）············71
GD2-14（三） 无缝线路施工工具设备（三）············49	GD3-5（二） 结构附属设备设计方案（二）············72
GD2-14（四） 无缝线路施工工具设备（四）············50	**3.6 施工技术要求**············73
GD2-14（五） 无缝线路施工工具设备（五）············51	GD3-6（一） 施工技术要求（一）············73
GD2-14（六） 无缝线路施工工具设备（六）············52	GD3-6（二） 施工技术要求（二）············74
GD2-14（七） 无缝线路施工工具设备（七）············53	**4 铺轨基地建设**
3 施工设计说明	**4.1 铺轨基地特点及功能区域**············76
3.1 主要技术标准············55	GD4-1（一） 铺轨基地特点及功能区域（一）············76
GD3-1（一） 主要技术标准（一）············55	GD4-1（二） 铺轨基地特点及功能区域（二）············77
3.2 主要设计依据············56	GD4-1（三） 铺轨基地特点及功能区域（三）············78
GD3-2（一） 主要设计依据（一）············56	GD4-1（四） 铺轨基地特点及功能区域（四）············79
3.3 轨道主要设备设计方案············57	**4.2 铺轨基地平面布置**············80

GD4-2（一）	铺轨基地平面布置（一）	80
GD4-2（二）	铺轨基地平面布置（二）	81
GD4-2（三）	铺轨基地平面布置（三）	82

4.3 铺轨基地建设 ································· 83
GD4-3（一） 铺轨基地建设（一） ··············· 83
GD4-3（二） 铺轨基地建设（二） ··············· 84
GD4-3（三） 铺轨基地建设（三） ··············· 85
GD4-3（四） 铺轨基地建设（四） ··············· 86

4.4 龙门吊安装施工 ····························· 87
GD4-4（一） 龙门吊安装施工（一） ··············· 87
GD4-4（二） 龙门吊安装施工（二） ··············· 88
GD4-4（三） 龙门吊安装施工（三） ··············· 89

4.5 实例分析 ··································· 90
GD4-5（一） 实例分析（一） ···················· 90
GD4-5（二） 实例分析（二） ···················· 91
GD4-5（三） 实例分析（三） ···················· 92

5 主要施工工艺

5.1 整体道床、道岔施工 ························· 94
GD5-1 一般整体道床施工工艺流程 ················ 94
GD5-2 基标测设 ······························· 95
GD5-3 基底处理 ······························· 96
GD5-4（一） 铺设地铁铺轨机走行轨（一） ········· 97
GD5-4（二） 铺设地铁铺轨机走行轨（二） ········· 98
GD5-5（一） 轨排拼装（一） ···················· 99
GD5-5（二） 轨排拼装（二） ···················· 100
GD5-6 轨排运输及铺设 ························· 101
GD5-7 道床钢筋网安装 ························· 102
GD5-8 道床状态调整 ··························· 103
GD5-9（一） 整体道床模板安装及混凝土浇筑（一） ··· 104
GD5-9（二） 整体道床模板安装及混凝土浇筑（二） ··· 105
GD5-9（三） 整体道床模板安装及混凝土浇筑（三） ··· 106
GD5-10 梯形轨枕整体道床施工工艺流程 ············ 107
GD5-11 轨排拼装 ······························· 108
GD5-12（一） 安装道床钢筋网（一） ·············· 109
GD5-12（二） 安装道床钢筋网（二） ·············· 110
GD5-13 轨排运输及铺设 ························ 111
GD5-14 轨排状态调整 ·························· 112
GD5-15 模板安装及混凝土浇筑 ·················· 113
GD5-16 吸声板安装 ··························· 114
GD5-17 隔离式减振垫整体道床施工工艺流程 ········ 115
GD5-18 基地准备 ····························· 116
GD5-19 基底模板安装 ·························· 117
GD5-20 隔离式减振垫铺设 ······················ 118
GD5-21 道床钢筋网安装 ························ 119
GD5-22 轨道状态调整 ·························· 120
GD5-23 模板安装及混凝土浇筑 ·················· 121
GD5-24 钢弹簧浮置板整体道床施工工艺流程 ········ 122
GD5-25 基础施工 ····························· 123
GD5-26 水沟盖板安装及隔离膜铺设 ··············· 124
GD5-27（一） 钢弹簧浮置板轨排拼装（一） ········ 125
GD5-27（二） 钢弹簧浮置板轨排拼装（二） ········ 126
GD5-28 安装道床钢筋网 ························ 127
GD5-29 轨道状态调整 ·························· 128
GD5-30 混凝土浇筑 ··························· 129
GD5-31（一） 浮置板顶升（一） ················· 130
GD5-31（二） 浮置板顶升（二） ················· 131
GD5-32（一） 库内短枕式整体道床施工（一） ······ 132

GD5-32（二） 库内短枕式整体道床施工（二） …… 133	5.5 线路整修 …… 159	
GD5-33（一） 立柱式、侧壁式检查坑整体道床施工（一） …… 134	GD5-50（一） 轨道状态检查及整修（一） …… 159	
GD5-33（二） 立柱式、侧壁式检查坑整体道床施工（二） …… 135	GD5-50（二） 轨道状态检查及整修（二） …… 160	
GD5-34 整体道床道岔施工工艺流程 …… 136	GD5-50（三） 轨道状态检查及整修（三） …… 161	
GD5-35 岔道拼装施工 …… 137	GD5-50（四） 轨道状态检查及整修（四） …… 162	
GD5-36（一） 铺设岔道钢筋网（一） …… 138	GD5-51 扣件状态检查及整修 …… 163	
GD5-36（二） 铺设岔道钢筋网（二） …… 139	GD5-52（一） 道床整修（一） …… 164	
GD5-37 道岔状态精调 …… 140	GD5-52（二） 道床整修（二） …… 165	
GD5-38 整体道床岔道模板安装集混凝土浇筑 …… 141	GD5-52（三） 道床整修（三） …… 166	
5.2 碎石道床、道岔施工 …… 142	GD5-52（四） 道床整修（四） …… 167	
GD5-39 碎石道床、道岔施工工艺流程 …… 142	GD5-53（一） 水沟混凝土浇筑（一） …… 168	
GD5-40 铺设底渣、存放面渣 …… 143	GD5-53（二） 水沟混凝土浇筑（二） …… 169	
GD5-41 轨排拼装 …… 144	GD5-54 无缝线路 …… 170	
GD5-42（一） 轨道起道整修（一） …… 145	GD5-55 端子检查 …… 171	
GD5-42（二） 轨道起道整修（二） …… 146		
GD5-42（三） 轨道起道整修（三） …… 147	**6 施工安全管理**	
5.3 无缝线路施工 …… 148	6.1 安全管理概述 …… 173	
GD5-43（一） 施工准备（一） …… 148	GD6-1（一） 轨道施工安全管理的特点（一） …… 173	
GD5-43（二） 施工准备（二） …… 149	GD6-1（二） 轨道施工安全管理的特点（二） …… 174	
GD5-44 钢轨焊前准备 …… 150	GD6-1（三） 轨道施工安全管理的特点（三） …… 175	
GD5-45（一） 钢轨焊接（一） …… 151	GD6-2（一） 风险汇总（一） …… 176	
GD5-45（二） 钢轨焊接（二） …… 152	GD6-2（二） 风险汇总（二） …… 177	
GD5-46（一） 钢轨打磨及正火探伤处理（一） …… 153	GD6-2（三） 风险汇总（三） …… 178	
GD5-46（二） 钢轨打磨及正火探伤处理（二） …… 154	GD6-2（四） 风险汇总（四） …… 179	
GD5-47 无缝线路锁定 …… 155	GD6-3 安全管理制度 …… 180	
5.4 线路及信号标志安装 …… 156	6.2 铺轨基地安全管理 …… 181	
GD5-48 线路标牌安装 …… 156	GD6-4 管控体系 …… 181	
GD5-49（一） 线路标识刷写（一） …… 157	GD6-5（一） 管控重点（一） …… 182	
GD5-49（二） 线路标识刷写（二） …… 158	GD6-5（二） 管控重点（二） …… 183	

GD6-6（一）	实例分析（一）	184
GD6-6（二）	实例分析（二）	185
GD6-6（三）	实例分析（三）	186
GD6-6（四）	实例分析（四）	187
GD6-6（五）	实例分析（五）	188

6.3 正线安全管理 …… 189

GD6-7（一）	管控体系（一）	189
GD6-7（二）	管控体系（二）	190
GD6-7（三）	管控体系（三）	191
GD6-7（四）	管控体系（四）	192
GD6-7（五）	管控体系（五）	193
GD6-7（六）	管控体系（六）	194
GD6-7（七）	管控体系（七）	195
GD6-7（八）	管控体系（八）	196
GD6-7（九）	管控体系（九）	197
GD6-7（十）	管控体系（十）	198
GD6-7（十一）	管控体系（十一）	199
GD6-7（十二）	管控体系（十二）	200
GD6-7（十三）	管控体系（十三）	201
GD6-8（一）	案例分析（一）	202
GD6-8（二）	案例分析（二）	203
GD6-8（三）	案例分析（三）	204
GD6-8（四）	案例分析（四）	205

6.4 不同视角下的安全管理 …… 206

GD6-9（一）	以人为视角安全管理（一）	206
GD6-9（二）	以人为视角安全管理（二）	207
GD6-9（三）	以人为视角安全管理（三）	208
GD6-9（四）	以人为视角安全管理（四）	209
GD6-9（五）	以人为视角安全管理（五）	210
GD6-9（六）	以人为视角安全管理（六）	211
GD6-10（一）	轨道车运行视角（一）	212
GD6-10（二）	轨道车运行视角（二）	213
GD6-10（三）	轨道车运行视角（三）	214
GD6-10（四）	轨道车运行视角（四）	215
GD6-10（五）	轨道车运行视角（五）	216

7 工程进度管理

7.1 进度管理概述 …… 218

GD7-1	进度管理概述	218

7.2 进度计划编制 …… 219

GD7-2（一）	编制依据（一）	219
GD7-2（二）	编制依据（二）	220
GD7-2（三）	编制依据（三）	221
GD7-2（四）	编制依据（四）	222
GD7-2（五）	编制依据（五）	223
GD7-3	控制性与作业性进度计划	224
GD7-4	计划编制程序	225
GD7-5（一）	表达方式（一）	226
GD7-5（二）	表达方式（二）	227
GD7-5（三）	表达方式（三）	228
GD7-5（四）	表达方式（四）	插页

7.3 进度计划实施 …… 229

GD7-6	计划交底落实	229
GD7-7	计划实施措施	230
GD7-8（一）	重点控制措施（一）	231
GD7-8（二）	重点控制措施（二）	232
GD7-8（三）	重点控制措施（三）	233

7.4 进度计划的检查与调整 …… 234

GD7-9（一）	进度检查（一）	…………………………………… 234		GD7-10（一）	进度调整、奖罚措施（一）	…………… 238
GD7-9（二）	进度检查（二）	…………………………………… 235		GD7-10（二）	进度调整、奖罚措施（二）	…………… 239
GD7-9（三）	进度检查（三）	…………………………………… 236		**参考文献**	………………………………………………………………… 240	
GD7-9（四）	进度检查（四）	…………………………………… 插页				
GD7-9（五）	进度检查（五）	…………………………………… 237				

1 绪 论

1.1 我国城市轨道交通发展概况

1.1.1 我国城市轨道交通的发展

城市轨道交通是指采用专用轨道导向运行的城市公共客运交通系统，包括地铁、轻轨、单轨、市域快轨、有轨电车、磁浮交通等多种制式。具有交通运量大、速度快、安全可靠、节能环保、准点舒适等优点，缓解了城市交通拥堵，优化了城市结构布局，有利于资源节约和环境改善，促进社会经济发展。

我国城市轨道交通起步较晚，起步于20世纪60年代，至今有40多年历史，近20年来发展迅速。北京地铁1号线一期工程于1965年7月1日开工建设，1971年1月15日正式开通运营。北京地铁一期工程建设之后，很长一段时间没有新的线路开工建设，处于停滞状态，到20世纪80年代，中国仅有北京和天津拥有总线路长度为47.6km的地铁运营线路。

进入20世纪90年代以来，在国家政策的有力引导和地方政府的积极努力下，我国城市轨道交通进入了一个快速发展期，建设规模之大是世界轨道交通发展史上少有的。截至2016年年末，我国内地已有30个城市开通运营城市轨道交通，运营线路总长度达4152.8km。还有48个城市在建，线路总规模5636.5km。

在当前我国城市轨道交通快速发展的过程中，呈现了如下发展特点：建设规模持续增长，网络化态势明显；轨道交通制式向多元化发展，除了传统地铁制式，还有磁悬浮及跨座式单轨交通等；自主创新能力逐渐提升，提高车辆及设备制造的技术水平和国产化率；规范标准体系逐渐完善。

1.1.2 2016年已运营路线

截至2016年年末，我国内地共30个城市开通城市轨道交通运

(a) 地铁   (b) 磁浮

(c) 单轨   (d) 有轨电车

图1.1 4种城市轨道交通制式

营，共计133条线路，运营线路总长度达4152.8km。其中地铁3168.7km，占76.3%；其他制式城轨交通运营线路长度984.1km，占23.7%。拥有2条及以上城市轨道交通运营线路的城市已增加至21个（表1.1）。全年累计客运量160.9亿人次，北京客运量达到36.6亿人次（不含77km市域快轨的客运量）。全国城市平均日均客运量达到158.1万人次，北京、上海、广州的日均客运量均在600万人次以上，城轨交通已成为一线城市公用交通的主要方式。日均客运量超过100万人次的城市还有深圳、南京、重庆、武汉、成都、西安6市，城轨交通在其城市公共交通中的骨干作用日益凸显。

| 图名 | 我国城市轨道交通发展概况（一） | 图号 | GD1-1（一） |

已建成投入运营的城市轨道交通呈现出运营规模进一步增大，系统制式多元化、运营网络化趋势明显，客运量增长明显、客运整体效果明显改善，运输效率逐步提高、运营收支比提高的特点。

各城市的城轨交通运营线路数据统计表　　表1.1

序号	城市	运营线路数量	运营线路总长度(km)	最早投运时间
1	北京	20	650.4	1971年1月15日
2	上海	17	682.5	1993年5月28日
3	天津	6	175.3	2004年3月28日
4	重庆	5	213.4	2005年6月18日
5	广州	10	276.3	1997年6月28日
6	深圳	8	286.5	2004年12月28日
7	武汉	6	179	2004年7月28日
8	南京	7	232.4	2005年9月3日
9	沈阳	6	125	2010年10月8日
10	长春	4	60	2002年10月30日
11	大连	6	167	1909年8月1日
12	成都	5	199.7	2010年5月12日
13	西安	3	89	2011年9月16日
14	哈尔滨	1	17.2	2013年9月26日
15	苏州	3	85.6	2012年4月28日
16	郑州	3	89.2	—
17	昆明	3	63.4	2012年6月28日
18	杭州	3	81.5	2012年11月24日
19	佛山	1	33.5	2010年11月3日
20	长沙	3	68.7	2014年4月29日
21	宁波	2	74.5	2014年5月30日
22	无锡	2	55.7	2014年7月1日
23	南昌	1	28.8	2015年12月26日
24	兰州	1	61	—
25	青岛	2	33.5	2015年12月16日
26	淮安	1	20	2015年12月28日
27	福州	1	9.2	2016年5月18日
28	东莞	1	37.8	2016年5月27日
29	南宁	1	32.1	2016年6月28日
30	合肥	1	24.6	2016年12月26日

注：数据来源于中国城市轨道交通协会发布的《城市轨道交通2016年度统计和分析报告》。

1.1.3　2016年在建路线

据不完全统计，截至2016年年末，我国内地在建线路总规模5636.5km，在建线路228条。共有23个城市的在建线路超过100km，其中，建设规模超过300km的有成都、武汉、广州、青岛、北京等5市；建设规模在150～300km之间的有深圳、上海、天津、重庆、南京、厦门、杭州、西安、苏州、长沙等10市；建设规模在100～150km之间的有昆明、宁波、南昌、佛山、温州、南宁、沈阳、福州8市。

在建线路中，地铁4925km（占比为87.4%），轻轨13.4km，单轨33.4km，市域快轨300.7km，现代有轨电车328.6km，磁浮交通28.8km，APM 6.6km，7种制式同时在建（图1.2、图1.3）。

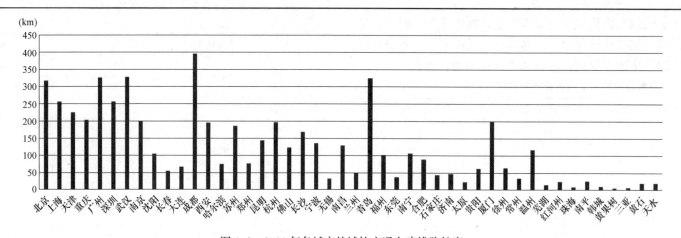

图 1.2 2016年各城市的城轨交通在建线路长度

注：数据来源于中国城市轨道交通协会发布的《城市轨道交通2016年度统计和分析报告》。

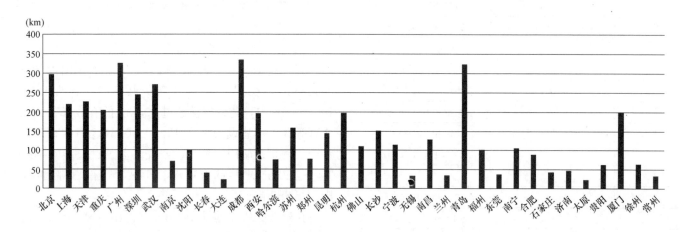

图 1.3 2016年各城市的地铁在建线路长度

注：数据来源于中国城市轨道交通协会发布的《城市轨道交通2016年度统计和分析报告》。

| 图名 | 我国城市轨道交通发展概况（三） | 图号 | GD1-1（三） |

据不完全统计，截至2016年年末，我国内地在建线路可研批复投资累计34995.4亿元。初设批复投资累计28458.6亿元。2016年度共完成投资3847亿元，同比增长4.5%，占可研批复投资的11%。15个城市完成投资过百亿元，其中，武汉、上海、成都、广州全年完成投资均超过200亿元，4市共计完成投资1105.2亿元，占全国总投资的28.7%。

1.1.4 城市轨道交通未来规划

截至2016年年末，据不完全统计，我国内地已获得城轨交通建设项目批复的城市有58个，规划线路总长度为7305.3km。50个城市批复规划线路均超过2条，线网规模超100km的有28个城市。据不完全统计，规划车站总计4562座，其中换乘站1213座，换乘站占比为26.6%。换乘站占比保持较高水平，表明线路的网络化结构已逐渐形成。规划线路包含地铁、轻轨、单轨、市域快轨、现代有轨电车、磁浮交通、APM等7种制式，城轨交通制式继续呈现多元化发展格局（图1.4、图1.5）。

据不完全统计，58个城市已批复规划线路总投资37018.4亿元，14个城市投资计划超过1000亿元，除北京、上海、广州、深圳、武汉、重庆、成都等城轨交通起步较早的城市外，青岛、厦门、西安、贵阳、杭州、合肥、苏州、长沙等城轨交通新兴城市的投资计划明显加快，将成为"十三五"期间城轨交通发展的新的生力军。北京、上海、武汉、成都4市超过2000亿元，4市规划线路投资共计达10388.6亿元，约占全国已批复规划线路投资的三成。大城市和特大城市城轨交通发展仍保持快速增长的态势。

2016年5月11日，国家发展改革委、交通运输部联合印发了《交通基础设施重大工程建设三年行动计划》，2016～2018年，拟重点推进铁路、公路、水路、机场、城市轨道交通项目303项，涉及项目总投资约4.7万亿元。其中，铁路和城市轨道交通项目是建设"重头戏"，重点推进103个城市轨道交通项目前期工作，新建城市轨道交通2000km以上，涉及投资约1.6万亿元。

随着我国社会发展和经济水平的提高，城市化进程逐步加快，我国特大及大城市的人口及机动车数量增长较快，普遍存在交通拥堵、交通事故频发、交通秩序混乱等问题，具有交通运量大、速度快、安全可靠、节能环保、准点舒适等优点的城市轨道交通成为解决此类问题的最佳选择。我国对基础设施建设的加大投入，也成为推动各地城市轨道交通建设热情高涨的原因之一。城市轨道交通的建设是一种急需、必要的民心工程，面临着好的发展机遇，今后十几年甚至更长时间，将是我国城市轨道交通建设的黄金时期。

| 图名 | 我国城市轨道交通发展概况（四） | 图号 | GD1-1（四） |

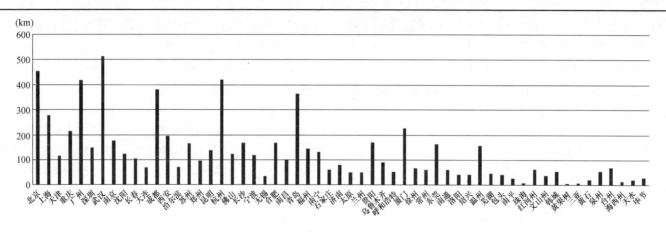

图 1.4 2016年各城市的城市轨道交通规划线路长度
注：数据来源于中国城市轨道交通协会发布的《城市轨道交通2016年度统计和分析报告》。

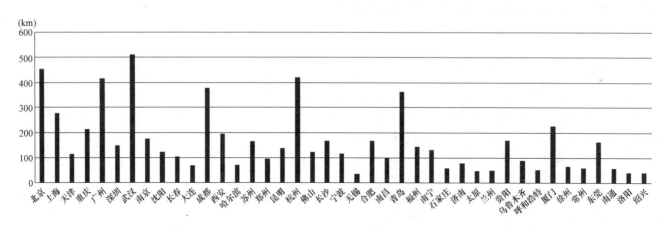

图 1.5 2016年各城市的地铁规划线路长度
注：数据来源于中国城市轨道交通协会发布的《城市轨道交通2016年度统计和分析报告》。

| 图名 | 我国城市轨道交通发展概况（五） | 图号 | GD1-1（五） |

1.2 南宁轨道交通 2 号线建设概况

1.2.1 建设规模

南宁轨道交通 2 号线一期工程为南、北方向骨干线，南起玉洞，止于西津，全长 21km，全部为地下线。全线设 18 座车站（含 1 号线并行实施 4 座），全部为地下车站，其中 6 座为换乘站。平均站间距约为 1.18km，最大站间距约为 1.74km，最小站间距约为 0.69km（图 1.6）。在线路终点西津站的东北侧地块内设安吉综合基地，另设秀灵主变电站和金凯主变电站 2 座，控制中心与南宁市轨道交通线网统一共用。初步设计概算总投资 155.46 亿元。它覆盖了城市南、北方向的主要客流走廊，连接了南宁市江南客运站和火车站和安吉客运站 3 个客运枢纽。

1.2.2 轨道工程概况

南宁轨道交通 2 号线一期工程轨道工程共设 3 个铺轨基地，分别是玉洞铺轨基地、福建园铺轨基地以及安吉车辆段铺轨基地。其中玉洞和福建园铺轨基地负责铺设部分正线线路，安吉车辆段铺轨基地除负责铺设部分正线线路外，还负责出入段线和车辆段内线路。

正线铺轨里程共计约 42km，包含 2 组交叉渡线，34 组单开道岔；车辆段铺轨里程共计约 14.8km，包含 5 组交叉渡线，36 组单开道岔。涉及多种形式道床，除一般整体道床外，还有梯形轨枕整体道床、隔离式减振垫整体道床和钢弹簧浮置板整体道床；车辆段内有库外碎石道床和库内整体道床；在出入段线试验线采用了新型橡胶浮筏板轨道减振系统。正线轨道工程初步设计概算为 34499.7 万元，车辆段轨道工程概算为 4968.6 万元。

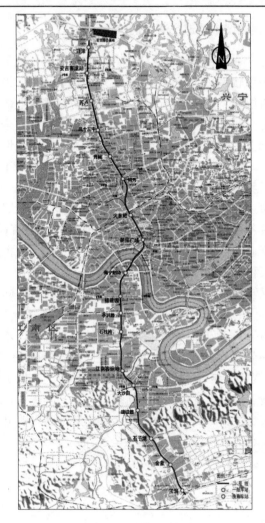

图 1.6 南宁轨道交通 2 号线线路图

1.3 轨道工程在城市轨道交通中的价值和地位

城市轨道交通以交通运输为主，兼顾实现人防及地下空间综合开发等功能。城市轨道交通运输功能的实现，涉及规划、设计、建设及运营等诸多阶段，需要轨道、土建以及机电等诸多专业的支撑。

城市轨道交通实现运输功能的前提是保证运输的安全性，在保证安全性的基础上，提升乘坐的舒适性。车辆运行的安全性及舒适性受到轨道状态、车辆情况、运营组织以及天气地质等诸多因素的影响，其中轨道状态和车辆情况对运输的安全性和舒适性的影响最为直接。为保证城市轨道交通运输的安全性和舒适性，提高运输服务品质，必须保证轨道具备良好的工作状态。特别是近些年，随着社会的发展，对城市轨道交通运输量、运输速度以及运输质量等方面提出了新的要求，对轨道工程也提出了更高的要求。

轨道由钢轨、轨枕、扣件、道床及其他附属设备共同构成的，不仅需要承受巨大的轮载，而且还要承受列车的制动力、牵引力和列车摇摆的横向力等。轨道结构不同组成部分的有机结合，才能发挥轨道结构作为车辆荷载承载结构和车辆行进导向系统的作用。轨道工程施工过程是实现轨道结构有机结合的最为关键环节。轨道工程施工的工艺水平以及施工质量等直接关系着轨道结构状态的优劣，进而影响着车辆运行的安全性和舒适性。为了安全、高效地实现轨道交通的运输功能，必须重点把握轨道工程的施工全过程。

1.4 本书的主要内容

本书主要通过图、表、文字的形式介绍城市轨道交通轨道工程的结构组成、设备机械、施工方法及工艺、工程进度和安全管理等内容。本书共分7章。

第1章绪论，主要介绍我国城市轨道交通的发展、现状以及未来规划，简述轨道工程在城轨交通中的价值和地位。第2章轨道结构与主要机械设备，主要介绍轨道的结构组成及轨道施工中使用的主要机械设备。第3章设计施工说明，主要介绍铺轨基地的建设情况。第4章铺轨基地建设，主要介绍不同类型的道床、道岔，无缝线路，轨道附属设备及线路整修的施工工艺。第5章主要施工工艺，主要介绍轨道工程的施工进度管理，涉及进度的计划、实施、调整等方面。第6章施工安全管理，主要介绍轨道工程的施工安全管理，涵盖轨道正线、铺轨基地及不同视角下的安全管理。第7章工程进度管理，主要介绍轨道交通工程进度计划的编制，进度计划的实施和进度计划的检查与调整。

| 图名 | 轨道工程在城市轨道交通中的价值和地位（一） | 图号 | GD1-3（一） |

2 轨道结构与主要机械设备

2.1 轨道结构组成及技术标准

2.1.1 轨道结构组成

（1）轨道结构组成：主要有钢轨及联结部件、扣件、道床、道岔、轨枕、附属设备及安全设备等（图2.1）。

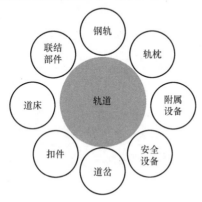

图 2.1 轨道结构组成

（2）主要功能及要求：轨道起着车辆运行的导向作用，直接承受列车车轮传来的荷载及因温度变化所产生的温度附加力等，并把它传递给路基或桥隧建筑物。轨道各部分必须具有足够的强度和稳定性，匹配合理、质量均衡，保持轨道几何尺寸，以保障列车安全、平稳、环保和连续运行（图2.2）。

图 2.2 轨道结构示意图
1—钢轨；2—轨枕；3—道床；4—扣件；5—水沟

2.1.2 技术标准

（1）轨距：1435mm，小半径曲线地段适当加宽。

（2）轨底坡：1/40。

（3）超高：最大超高值120mm，超高采取外轨抬高 $h/2$，内轨降低 $h/2$ 的方式设置；欠超高一般最大取 61mm，困难情况取 75mm。

（4）轨道高度：区间、车站矩形隧道：560mm；区间、车站马蹄形隧道：$(560+f)$（mm），（f 为轨道结构底部至隧道底部的矢高）；区间圆形隧道（限界ϕ5200mm）：760mm。

（5）地下线轨枕布置：一般地段（直线及曲线 $R>400$m，或线路坡度 $i<20$‰）按 1600 根/km 布置；加强地段（直线及曲线 $R\leqslant 400$m，或线路坡度 $i\geqslant 20$‰）按 1680 根/km 布置；保证扣件间距不宜小于550mm。

| 图名 | 轨道结构组成及技术标准 | 图号 | GD2-1 |

2.2 钢轨及配件

2.2.1 概述

钢轨作为轨道的主要组成部件之一，它的功用在于引导列车车轮行驶，承受车轮传递的荷载并将其传递到轨枕和轨道基础。作为轨道结构中唯一直接与车轮接触的部件，工作条件非常复杂，不仅承受车轮传递而来的垂直力、横向水平力和纵向水平力，还要承受气候等其他因素引起的残余应力、温度应力等。复杂外界条件作用使钢轨产生压缩、拉伸、弯扭、磨损及断裂等。

钢轨既要有足够的强度，以延长使用寿命，又要具有一定的塑性，以防止脆性破坏。既要具备一定的耐磨性，又要有适当的韧性。既要有适当的刚度以抵抗挠曲变形，又要有可挠性以减少冲击作用。既要具有一定粗糙度以增加与车轮的附着力，又要平滑以减少行车阻力。

上述钢轨具有的正反矛盾性能要求，对钢轨设计和制造提出了挑战，是一个非常复杂的技术问题。

2.2.2 钢轨类型及构造

钢轨类型如图2.3所示。

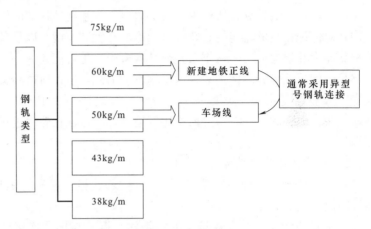

图 2.3 钢轨类型

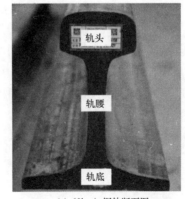

(a) 60kg/m 钢轨断面图

(b) 50kg/m 钢轨断面图

图 2.4 钢轨断面图

图名	钢轨及配件（一）	图号	GD2-2（一）

11

如图 2.4，钢轨断面采用抵抗弯曲最佳的"Ⅰ"字形，分为轨头、轨腰和轨底 3 个部分。轨头提供车轮的滚动表面，外形与车轮踏面相匹配，具有耐磨性和抗压溃性，轨头略厚。支承在轨枕上的轨底宽一些，以保证钢轨的稳定性。轨腰有相应的高度和厚度，以具备较大的承载能力和抗弯能力。从钢轨整个高度来说，尽可能大一点，以保证有足够的惯性矩和断面系数来承受垂直动荷载，但钢轨过高又影响其横向水平稳定性，一般要求轨高与轨底宽之比为 1.15～1.20。此外，轨头、轨腰和轨底各部分面积比例适宜，以保证在轧制过程中冷却均匀。

2.2.3 钢轨接头联结部件

（1）组成部分：一般由接头夹板（鱼尾板）、接头螺栓、螺母、垫圈等组成（图 2.5）。

（2）主要功能及要求：在接头处将钢轨、钢轨与道岔连接成一体，保持轨道的连续性，承受和传递车轮通过钢轨接头处所产生的冲击力、纵向力、横向水平力、温度应力及弯矩等作用，满足钢轨抵抗变形及位移需求。

1）接头夹板：承受弯矩、传递纵向力、阻止钢轨伸缩的作用，需要具有一定的强度及刚度。目前广泛使用的是双头式夹板。

2）接头螺栓、螺母及垫圈：在钢轨接头处用以夹紧夹板和钢轨，使连接可靠，阻止钢轨部分变形。

图 2.5 钢轨接头联结部件实物图
1—接头螺栓；2—螺母、垫圈；3—接头夹板；4—导电接头

| 图名 | 钢轨及配件（二） | 图号 | GD2-2（二） |

2.2.4 钢轨轨缝及接头

普通线路上钢轨之间留有一定的缝隙，称为轨缝（图2.6），通过夹板和接头螺栓等将钢轨夹紧而连接起来，钢轨接头是线路的薄弱环节之一，需要引起充分重视。

图2.6 钢轨轨缝图

（1）钢轨接头类型（图2.7）：
1）按照接头相对位置：相对式和相互式；
2）按照接头与轨枕相对位置：悬接式、单轨承垫式、双轨承垫式；
3）按照接头连接的用途及工作性能：普通接头、导电接头、绝缘接头、异型接头、冻结接头、焊接接头及尖轨接头。

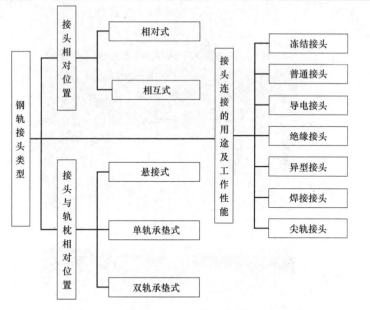

图2.7 钢轨接头类型

（2）主要功能：

1）普通接头：用于前后同类型钢轨的正常连接，如图2-8（a）。

2）导电接头：将钢轨作为导电体的自动闭塞区段，为了确保和加强导电性，在接头处铆上或者焊上一根导线，如图2.8（b）。

3）绝缘接头：在钢轨与夹板之间、夹板与螺栓之间、两轨端用绝缘材料填充，使信号电流不能从一个闭塞分区传到另一个闭塞分区，如图2.8（c）。

4）焊接接头：是指用焊接的方法把钢轨联成整体，如图2.8（d）。

| 图名 | 钢轨及配件（三） | 图号 | GD2-2（三） |

(a) 普通接头

(c) 绝缘接头

(b) 导电接头

(d) 焊接接头

图 2.8 钢轨接头

| 图名 | 钢轨及配件（四） | 图号 | GD2-2（四） |

2.3 扣件

2.3.1 概述

扣件的作用是将钢轨固定于轨枕或道床等支撑基础上，长期保持轨距固定，阻止钢轨发生纵、横向移动，并能减轻钢轨对其下支撑基础的冲击，延缓轨道残余变形积累，满足轨道绝缘要求。

主要性能及要求：(1)可靠的扣压力；(2)适宜的弹性；(3)一定的调整轨距和钢轨高低的能力；(4)良好的电气绝缘性能；(5)简洁的结构。

2.3.2 扣件类型

(1) 扣件按轨下基础类型分类（图 2.9）

1) 无铁垫板的普通道钉扣件：通过道钉将钢轨固定在木枕上。

2) 有铁垫板的普通道钉扣件：在钢轨下部放置铁垫板，通过道钉将钢轨固定，减小木枕表面压力。

3) 木枕分开式扣件：采用轨卡扣板松紧搭配的方法扣压钢轨而使产生的扣压力得到调节。

4) 混凝土枕用扣板式扣件：由扣板、螺纹道钉、弹簧垫圈、铁座、绝缘缓冲垫片及绝缘缓冲垫板组成。

5) 弹条Ⅰ、Ⅱ型扣件：扣件由 W 形弹条、螺纹道钉、轨距挡板、挡板座及轨下橡胶垫板组成。Ⅰ、Ⅱ型弹条扣件，除了弹条外，其他部件均相同。

6) 弹条Ⅲ型扣件：由弹条、预埋铁座、绝缘轨距块、轨下橡胶垫组成，结构简单，部件数量少。

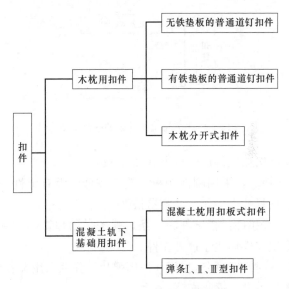

图 2.9 扣件按轨下基础类型分类

(2) 扣件按与轨下基础的联结方式分类（图 2.10）

1) 不分开式扣件：指钢轨通过一组联结件和扣压件直接与轨下基础相联结的扣件，分为带铁垫板和不带铁垫板两种。零部件少，仅设一层弹性垫板，刚度较大，调整钢轨高低的能力较弱。这种扣件一般只用于碎石道床。

2) 分开式扣件：通过固定于铁垫板上的扣压件将钢轨扣压在铁垫板上，而铁垫板又通过螺栓等其他联结件固定在下部基础上。可实现良好的弹性，一般用于整体道床和道岔区。

| 图名 | 扣件（一） | 图号 | GD2-3（一） |

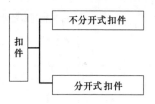

图 2.10 扣件按与轨下基础的联结方式分类

(3) 扣件按扣压件形式分类（图 2.11）

1) 刚性扣件：采用刚性扣板，造价较低，没有弹性能力，在轮轨作用力的反复冲击下扣压件容易松弛。

2) 弹条式扣件：扣压件为弹条，弹条采用弹簧圆钢制造，弹条Ⅰ、Ⅱ、Ⅲ型扣件均属于这种扣件。

3) 弹片式扣件：钢轨扣压件采用弹片，弹片采用弹簧扁钢制造。由于使用效果不良，逐步淘汰。

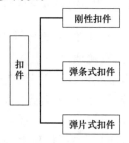

图 2.11 扣件按扣压件形式分类

(4) 扣件按使用地段分类（图 2.12）

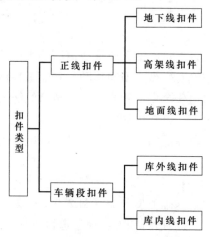

图 2.12 扣件按使用地段分类

正线地下线一般采用整体道床，多采用弹性分开式结构扣件；例如 ZX-3 型、弹条Ⅲ型扣件；正线高架线扣件一般采用弹性分开式结构扣件，例如 DT Ⅶ型、WJ-2 型扣件；正线地面线多采用碎石道床，混凝土枕碎石道床一般采用弹性不分开式扣件，例如弹条Ⅰ型、DT Ⅳ3 型扣件。

车辆段库外线木枕上多采用弹性分开式扣件，例如 DT Ⅳ1 型扣件；库外线混凝土枕上采用弹条Ⅰ型扣件；库内线一般采用整体道床，多采用弹性分开式扣件，例如 DJK5-1 型扣件、钢立柱检查坑扣件。

| 图名 | 扣件（二） | 图号 | GD2-3（二） |

2.3.3 扣件构造

不分开式扣件一般包括扣压件、轨距保持件、绝缘件、弹性垫层和联结件等5大部分，分开式一般还有铁垫板（图2.13）。

图 2.13 扣件构造

（1）扣压件：扣压件将钢轨扣押在轨下基础上，从而给钢轨施加一定的压力，使钢轨与轨下基础和扣压件之间产生足够大的纵向摩擦阻力以阻止钢轨移动。

（2）轨距保持件：与扣件中的其他部件共同作用，一般情况下，起着钢轨横向定位和传递横向力的作用，兼具调整规矩的功能。

（3）绝缘件：其主要作用是电气绝缘，确保轨道电路安全，防止产生迷流，还兼具调整轨距和传递轮轨横向力的作用。

（4）弹性垫层：在不带铁垫板的不分开式扣件中，弹性垫层设置于轨下，而在带铁垫板的不分开式扣件和分开式扣件中一般有两层弹性垫板。作用是缓解轨下基础的振动冲击力，减小残余变形积累，减小钢轨侧倾，延长轨道寿命。

（5）联结件：一般是指各种带螺纹的紧固件，包括螺栓、螺母、垫圈等。通过紧固螺母施加紧固力，牢牢地固定住扣压扣件或轨距保持件，防止松动。

（6）铁垫板：是分开式扣件中必不可少的一部分，为扣压件提供安装基础，并与道床等下部基础相联结。分布和传递钢轨各向受力，并传递到下部基础。

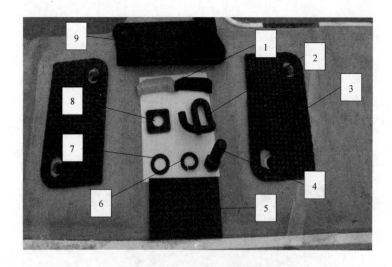

图 2.14 ZX-3型扣件
1—绝缘轨距块；2—弹条；3—板下垫板；4—螺栓；
5—轨下垫板；6—重型弹簧垫圈；
7—平垫圈；8—调距扣板；9—铁垫板

| 图名 | 扣件（三） | 图号 | GD2-3（三） |

2.3.4 ZX-3型扣件

（1）性能特点：弹性分开式结构，一般减振地段使用60kg/m钢轨地下线整体道床一般采用ZX-3型扣件（图2.14、图2.15）。

（2）扣件结构：无挡肩式；T30螺旋道钉；绝缘轨距块；锯齿垫圈调整轨距。扣压件采用国铁Ⅲ型（$\phi20$mm）弹条。

2.3.5 压缩型减振扣件

（1）性能特点：弹性分开式结构；中等减振地段使用60kg/m钢轨地下线整体道床一般采用压缩型减振扣件（图2.16）。

（2）扣件结构：有挡肩式，扣压力大，限制轨下垫板的弹性发挥。扣压件采用国铁Ⅲ型（$\phi20$mm）弹条。

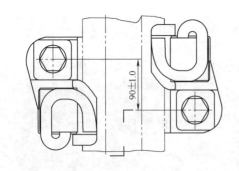

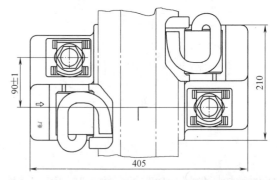

图2.15 ZX-3型扣件整体实物图

图2.16 压缩型减振扣件实物图

图名	扣件（四）	图号	GD2-3（四）

2.3.6 新弹条Ⅰ型扣件

（1）性能特点：弹性不分开式结构；一般减振地段使用 60kg/m 钢轨碎石道床一般采用新弹条Ⅱ型扣件（图 2.17）。

（2）扣件结构：无挡肩式，新弹条Ⅱ型扣件弹条采用新材料重新设计，在结构尺寸方面与Ⅱ型弹条无明显差别。

图 2.17 新弹条Ⅱ型扣件实物图

2.3.7 DJK5-1 型扣件

（1）性能特点：弹性分开式结构；一般减振地段使用，60kg/m 钢轨库内整体道床一般采用 DJK5-1 型扣件（图 2.18）。

（2）扣件结构：设 M22T 形螺栓，绝缘轨距块，2 个 T24 螺旋道钉。

图 2.18 DJK5-1 型扣件扣件实物图

2.3.8 DTⅢ2 型扣件

（1）性能特点：弹性分开式结构；60kg/m 钢轨地下线整体道床一般采用 DTⅢ2 型扣件（图 2.19）。

（2）扣件结构：无挡肩式；采用 T30 螺旋道钉和绝缘轨距垫。

图 2.19 DTⅢ2 型扣件实物图

图名	扣件（五）	图号	GD2-3（五）

2.4 轨枕

2.4.1 概述

轨枕是轨道结构中重要的部件之一，安装于钢轨和扣件之下，支承钢轨并承受传递来自钢轨的荷载，并与扣件共同保持轨道几何状态。列车经过时，它可以适当变形以缓冲压力，但列车过后还得尽可能恢复原状。

轨枕的性能除了与轨枕本身的构造有关外，还与扣件的性能及道床支承状态有关，因此，轨枕除能固定钢轨和扣件，还应具有一定的坚固性、耐久性，能有效抵抗轨道纵向和横向位移。目前，地铁工程基本形成了以钢筋混凝土短轨枕、预应力混凝土长轨枕为主，树脂枕等为辅的轨枕类型。

2.4.2 轨枕类型

轨枕按照成型材料可以分为木枕、混凝土枕和合成轨枕（图2.20）。

（1）木枕：又称枕木，由木材制成。

（2）混凝土枕：包含预应力混凝土枕、混凝土岔枕、混凝土桥枕、双块式短轨枕等。有Ⅰ型、Ⅱ型和Ⅲ型以及改进成的新Ⅱ型混凝土轨枕。

（3）合成枕：由玻璃纤维增强树脂通过发泡固化而成，具有质量轻、耐腐蚀、精度高、可现场加工等优点，可用于一些特殊地段。

2.4.3 预应力混凝土长轨枕

性能与特点：预应力混凝土长轨枕在轨枕制造时给混凝土施加一定的预应力，具有抗裂性能好，用钢量少，使用寿命长，稳定性高，

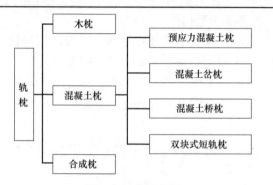

图 2.20 轨枕类型

养护工作量小，损伤率和报废率比木枕要低得多的优点。枕木上设有扣件预埋套管，轨枕预留 5 个，穿纵向钢筋的圆孔。在无缝线路上，预应力钢筋混凝土长轨枕比木枕的稳定性平均提高 15%～20%，节约大量优质木材又降低轨道养护费用（图 2.21）。

图 2.21 预应力混凝土长轨枕

| 图名 | 轨枕（一） | 图号 | GD2-4（一） |

2.4.4 普通混凝土短轨枕

性能与特点：短轨枕非常短，其长度仅为450mm，不到长轨枕的1/5。短轨枕为无挡肩结构，通常为梯形断面。短轨枕中预埋两个塑料套管用以固定钢轨扣件且短轨枕中套管顶部外露4mm，两套管不在一直线上。短轨枕一般用于过渡地段，用于梯形轨枕整体道床、钢弹簧浮置板道床、减振道床水沟过渡段（图2.22）。

主体结构的强承载能力、高耐久性；减振垫及主体结构的可更换性；轨道高度及减振性能的可调整性；施工安装的便捷可靠性；验收及检查维修的无隐蔽性；适用性广泛。

图 2.22 普通混凝土短轨枕

图 2.23 梯形轨枕示意图

2.4.5 梯形轨枕

性能与特点：梯形轨枕综合了传统横向预应力轨枕、双块式轨枕、板式轨道和框架板轨道的特性，由左右两块预制预应力混凝土纵梁及其限位凸台、钢横梁及聚氨酯减振垫、缓冲垫组成。由于轨枕结构形似"梯子"，故通常称"梯形轨枕"（图2.23）。

| 图名 | 轨枕（二） | 图号 | GD2-4（二） |

2.4.6 新Ⅱ型轨枕

性能与特点：新Ⅱ型轨枕是在我国是一种强度较高的轨枕，具有承重大、抗疲劳性好的特点，并在Ⅱ型轨枕的基础上进行了改进，优化了轨道整体稳定性，目前为我国铁路和城市轨道交通主型混凝土枕（图2.24）。

2.4.7 混凝土岔枕

性能与特点：混凝土岔枕与道岔配套使用，每根轨枕具有各自的编号，按照不同编号布置轨枕位置，混凝土岔枕能保证道岔横向位置，维持轨道几何尺寸的稳定，减少运营途中，道岔的扣配件所受的应力，延长道岔的使用寿命（图2.25）。

图2.24 新Ⅱ型混凝土轨枕

图2.25 混凝土岔枕

| 图名 | 轨枕（三） | 图号 | GD2-4（三） |

2.5 道岔

2.5.1 概述

道岔是一种使机车车辆从一股道转入另一股道的线路连接设备，通常在车站、编组站大量铺设。地铁多采用单开道岔、交叉渡线和复式道岔，个别采用对称道岔。道岔的基本组成部位为转辙部分、连接部分、辙岔部分。

2.5.2 道岔类型

道岔分为单开道岔、交叉渡线、复式交分道岔、对称道岔等（图2.26）。

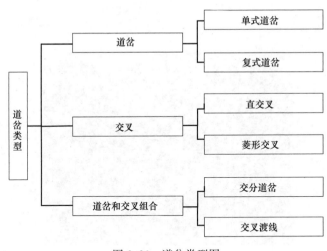

图 2.26 道岔类型图

2.5.3 单开道岔

（1）简介：单开道岔是主线为直线，侧线向主线的左侧或右侧分支的道岔。站在道岔前端，面向尖轨，侧线向左分支的道岔称为左开道岔，侧线向右分支的道岔称为右开道岔。

单开道岔由转辙器、辙叉及护轨、连接部分组成。单开道岔是各种类型道岔的主要形式，应用最为普遍（图2.27、图2.28）。

（2）类型：单开道岔可以按照钢轨类型、道岔号数、道岔平面形式、转辙器形式和辙叉形式分类。按照钢轨类型，主要有50kg/m和60kg/m钢轨道岔。按照道岔号数，《铁路道岔号数系列》TB/T 3171—2007规定的标准轨距铁路道岔号数系列为6号、7号、9号、12号、18号和24号单开道岔。9号道岔为轨道交通中正线常用道岔，7号道岔为车场线路常用道岔。

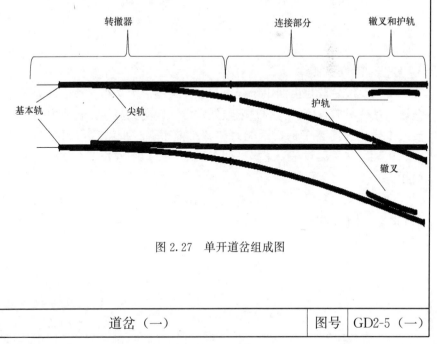

图 2.27 单开道岔组成图

| 图名 | 道岔（一） | 图号 | GD2-5（一） |

(a) 地下线60钢轨-9号单开道岔

(b) 车辆段50钢轨-7号单开道岔

图2.28 单开道岔

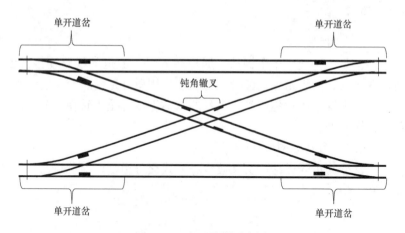

图2.29 交叉渡线示意图

2.5.4 交叉渡线

交叉渡线一般是由四组单开道岔和一组菱形交叉组合而成，为了缩短车站的纵向长度，在车站咽喉处常常铺设交叉渡线。正线中交叉渡线主要是为提高车辆折返能力和调车效率、减少站区占用线路长度。车辆段交叉渡线是为了提高调车效率、缩短咽喉长度、减少占地面积。

交叉渡线由转辙器、锐角辙叉、钝角辙叉、护轨及连接部分组成（图2.29、图2.30）。

(a) 地下线交叉渡线

| 图名 | 道岔（二） | 图号 | GD2-5（二） |

(b) 车辆段交叉渡线

图 2.30 交叉渡线

2.5.5 复式交分道岔

复式交分道岔相当于两组相对的单开道岔，是缩短车站咽喉长度、减少车站用地、提高调车效率的良好设备，其长度略长于单开道岔。但复式交分道岔开通方向多，结构复杂，铺设维修较难，精度不易保证。在以往设计战场咽喉区是很少使用复式交分道岔，一般采用单开道岔或交叉渡线。

复式交分道岔有双转辙器、锐角辙叉、和钝角辙叉组成（图3.31）。

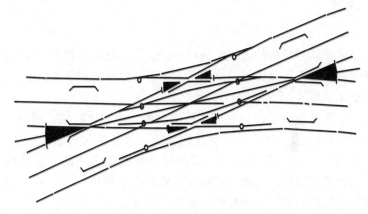

图 2.31 复式交分道岔示意图

如果将复式交分道岔的 X 形的上面两点和下面两点分别连接起来，就是交叉渡线。它不仅能开通较多的方向，而且占地不多，所以经常在车站采用。

| 图名 | 道岔（三） | 图号 | GD2-5（三） |

2.6 道床

2.6.1 概述

道床是轨道结构的重要组成部分，是轨道框架的基础。城市轨道交通正线一般采用整体道床结构，配用弹性较好的扣件及相应的减振降噪道床及措施。

主要功能及要求：（1）固定轨枕位置，防止轨枕纵、横向位移，保持轨道的稳定。（2）承受轨枕传来的压力并均匀传递给路基或隧道、桥梁上。（3）提供排水，提高路基承载能力及减少道床病害。（4）提供道床弹性，以吸收和减缓车轮的荷载作用。（5）碎石道床、浮置道床减振和降噪效果良好，满足不同级别减振需要。

2.6.2 道床类型

道床主要有碎石道床和整体道床两种类型（表2.1）。

道床类型　　　　　　　　　　　　　　表2.1

减振类型	道床类型
一般减振道床	ZX-3型长轨枕整体道床、短轨枕整体道床
中等减振道床	压缩型减振扣件道床
高等减振道床	梯形轨枕整体道床、隔离式减振垫整体道床
特殊减振道床	钢弹簧浮置板整体道床

（1）碎石道床：包含木枕碎石、混凝土枕碎石（图2.32）和树脂枕碎石道床，碎石道床主要位于车辆段、存车线等。

（2）整体道床：包含一般整体道床、无枕式整体道床、短枕式整体道床、长轨枕整体道床（图2.33）、梯形轨枕整体道床、减振垫浮置板整体道床、钢弹簧浮置板整体道床及库内整体道床等。其中库内整体道床有短枕式、墙式检查坑、立柱式检查坑及直埋式整体道床，一般位于车辆段。

整体道床结构稳定，外观整洁，养护维修量小，但是弹性较碎石道床略差，对城市轨道交通的减震降噪要求适应性需要提高，对下部基础的变形要求高。整体道床一般位于地面线或者地下线路正线部分。

图2.32 混凝土枕碎石道床示意图

| 图名 | 道床（一） | 图号 | GD2-6（一） |

图 2.33 长轨枕整体道床示意图

2.6.3 地下线整体道床

目前，国内城市轨道交通中，地下线整体道床按照轨枕长短有地下线短轨枕式整体道床和地下线长轨枕式整体道床两种类型。按照减振类型分为一般减振道床、中等减振道床、高等减振道床、特殊减振道床。这两类整体道床技术成熟，应用广泛，均能满足工程的需求（图 2.34）。

(a) 地下线短轨枕式整体道床

(b) 地下线长轨枕式整体道床

(c) 梯形轨枕式整体道床

(d) 钢弹簧浮置板整体道床

| 图名 | 道床（二） | 图号 | GD2-6（二） |

(e) 隔离式减振垫整体道床　　　　(f) 单开道岔整体道床

图 2.34　整体道床

2.6.4　地面线整体道床

目前，国内城市轨道交通中，如图 2.35，地面线整体道床按照道床类型划分为，无砟道床和有砟道床，有砟道床又分为木枕碎石道床、混凝土枕碎石道床，树脂枕碎石道床。考虑到地面线路基容易产生沉降，这两类整体道床技术成熟，应用广泛，均能满足工程的需求，图 2.36 为检查坑整体道床。

图 2.35　地面线整体道床

图 2.36　壁式检查坑整体道床

| 图名 | 道床（三） | 图号 | GD2-6（三） |

2.6.5 库内整体道床

（1）简介：根据检修工艺要求铺设不同形式的整体道床，用于停靠车辆及车辆的检修。

（2）类型：常用形式有一般短轨枕整体道床、墙式检查坑整体道床、立柱式整体道床及直埋入式整体道床。

图 2.37 为库内立柱式检查坑整体道床。

2.6.6 碎石道床

（1）简介：碎石道床一般由具有一定粒径、级配和强度的硬质碎石堆集而成，在结构、材质和养护条件方面需要具备一些性能，以实现道床功能。

（2）分类：碎石道床按照轨枕不同可以分为木枕碎石道床、混凝土枕碎石道床（图 2.38）及树脂枕碎石道床等。

图 2.37 库内立柱式检查坑整体道床

图 2.38 混凝土枕碎石道床

| 图名 | 道床（四） | 图号 | GD2-6（四） |

2.6.7 道床过轨管线及排水

（1）过轨管线

地铁工程轨道系统的过轨管线涉及信号、通信、给水排水、BAS/FAS 等多个专业，需要预留的过轨管、过轨槽较多，常因设备选型、采购或协调不到位，造成漏埋、错埋或返工，所以过轨管的埋设要经相关专业确认预埋位置符合规范要求（图 2.39、图 2.40）。

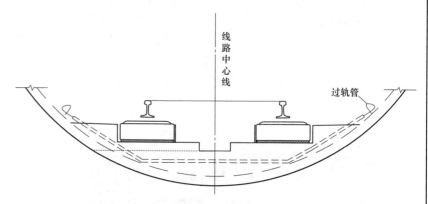

图 2.40 道床预埋横穿管过轨示意图

图 2.39 过轨管示意图

| 图名 | 道床（五） | 图号 | GD2-6（五） |

(2)道床排水

短枕式整体道床可以采用中心水沟，长枕式整体道床仅能采用两侧水沟，地下线道床一般采用两侧水沟，道床中部作为紧急情况下的疏散平台（图2.41）。

(a) 短轨枕道床中心水沟

(b) 长轨枕道床两侧水沟

图 2.41 道床排水

2.7 钢轨伸缩调节器

（1）简介：使无缝线路钢轨自由伸缩，放散无缝线路纵向力，保持无缝线路和道岔的稳定。

（2）分类：单向、双向两种钢轨伸缩调节器（图 2.42、图 2.43）。

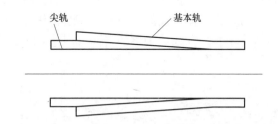

图 2.42 单向钢轨伸缩调节器

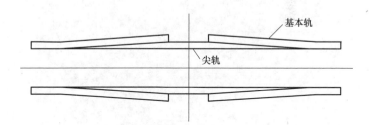

图 2.43 双向钢轨伸缩调节器

| 图名 | 钢轨伸缩调节器 | 图号 | GD2-7 |

2.8 轨道减振结构

2.8.1 吸声板

简介：地铁轨道吸声板具有良好的吸声性能，其吸声原理是吸声板内部有大量连通的微小空隙和孔洞，这些孔结构细密，相互连通。声波入射到板面，沿着孔结构进入吸声板中，激发孔结构内部空气振动，空气与孔壁摩擦产生热传导作用，由于空气的黏滞性，在孔结构内产生相应的黏滞阻力，使振动能（声能）不断转化为热能而被消耗掉，从而使声波衰减，达到降低噪声的目的（图 2.44）。

图 2.44 吸声板

2.8.2 钢弹簧

简介：特定刚度的阻尼弹簧隔振器上，构成经典的"质量—弹簧"隔振系统，具有三维弹性和稳定性，且能抑制和吸收固体声传导，从而减小轨道交通对周边环境的振动和噪声影响（图 2.45）。

钢弹簧隔振器主要由 3 部分组成：钢弹簧隔振器外套筒、钢弹簧隔振器内套筒、弹簧隔振器上的高度调节及锁紧系统。

(a) 钢弹簧隔振器外套筒　　(b) 钢弹簧隔振器内套筒

图 2.45 钢弹簧

图名	轨道减振结构	图号	GD2-8

2.9 附属设备

2.9.1 线路及信号标志

（1）简介：线路标志，一般材料为反光材料，白底黑字，安装在司机易见的盾构管壁上或者护栏上。地面线的线路标志参照国家铁路规定设置。有关信号标志：限制速度标、停车位置标、终点停车标和警冲标等。

（2）常见线路信号标志（图2.46～图2.49）。

图 2.46 常见线路信号标志

(a) 曲线标

(b) 限速与取消限速

(c) 坡度标

(d) 公里标

| 图名 | 附属设备（一） | 图号 | GD2-9（一） |

(e) 竖曲线终点标

(f) 控制基标

图 2.48 车辆段信号灯

(g) 曲线要素标

(h) 道岔编号标

图 2.47 常见线路信号标志实物图

图 2.49 车辆段临时限速牌

| 图名 | 附属设备（二） | 图号 | GD2-9（二） |

2.9.2 道口

(1) 简介：城市轨道交通正线线路与道路、铁路相交时，为了让汽车和行人安全顺利通过线路，车辆段内需设置横通道，库外需设置平交道口（图2.50）。

(2) 分类：按照结构类型，主要有预制混凝土板道口、现浇混凝土整体道口、橡胶道口。

图2.50 车辆段道口

2.10 安全设备

2.10.1 车挡

(1) 简介：车挡一般设置于大龙门吊走行轨尽端、存车线尽端、线路终点起点尽端等，其功能是列车超速或者失控时撞击车挡，减少对人员和车辆的损伤。

(2) 分类：有竖壁土堆式车挡、框架固定式车挡、缓冲滑动式挡车器、液压滑动式挡车器、液压固定挡车器、月牙式车挡和摩擦式车轮挡等（图2.51~图2.53）。

图2.51 库内线月牙式车挡

图2.52 龙门吊走行轨临时车挡

图名	安全设备（一）	图号 GD2-10（一）

2.10.2 护轨设备

(1) 简介：护轨设备其功能是防止车辆脱轨，万一车辆脱轨，能防止列车发生更严重危险，保证人员安全。图 2.54 为道岔护轨部分。

(2) 分类：有防脱护轨、护轨矮墙等。

图 2.54　道岔护轨部分

(a) 地下线整体道床

(b) 车辆段碎石道床

图 2.53　液压滑移式车挡

| 图名 | 安全设备（二） | 图号 | GD2-10（二） |

2.11 主要机械设备

主要机械设备清单见表2.2。

主要机械设备清单　　　　表2.2

序号	设备名称	规格型号	单位
一	铺轨型机具		
1	基地龙门吊	16t,提升高度不小于10m	台
2	洞内铺轨门吊	10t,地铁专用	台
3	轨道车	地铁专用内燃	台
4	轨道平板车	40t,地铁专用	辆
5	混凝土搅拌罐		台
二	焊轨机具		
1	移动式焊轨机	K922	台
2	除锈打磨机	MR150	台
3	钢轨正火机	JRQ-60F	台
4	仿形打磨机	YMG-150	台
5	轨缝调整器		台
6	锯轨机		台
7	钻眼机		台
8	超声波探伤仪		台
9	红外线轨温测定仪		台
10	8kW发电机		台
11	齿条起道机		台
12	手提砂轮机		台
13	撬棍	圆头+扁头	根
14	滚轮		个

续表

序号	设备名称	规格型号	单位
15	电动/内燃扳手		台
16	轨温计		个
17	塞尺		个
三	无砟轨道小型料具		
1	调轨支架		套
2	钢轨	10m长,P24	m
3	接头夹板及螺旋	P24	套
4	扣件、垫板	P24	套
5	撬棍	圆头+扁头	根
6	翻轨器		根
7	轨检小车		台
8	万能道尺		把
9	方尺		把
10	支矩尺		把
11	基标尺		把
12	连接端子		个

图名	主要机械设备清单	图号	GD2-11

2.11.1 铺轨型机具

2.11.1.1 基地龙门吊

(1) 简介：本起重机是与 CD1、MD1 型电动葫芦配套使用，适用于露天作业的固定跨间，根据用户要求还可制成单端外伸悬挂臂或无悬挂臂式结构。起重机主要由机械、电气和金属结构三大部分组成。

(2) 组成结构：主梁是工字钢和钢板的组合梁，大车运行机构主要有电动机、制动器、减速器、车轮等组成（图2.55、图2.56）。

(a)

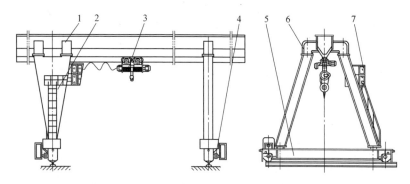

图 2.55 基地龙门吊结构简图

1—主梁；2—支腿；3—电动葫芦；4—大车运行机构；5—马鞍；6—地梁；7—司机室

(b)

图 2.56 MHA 型电动葫芦门式起重机（基地龙门吊）

| 图名 | 铺轨型机具（一） | 图号 | GD2-12（一） |

2.11.1.2 地铁铺轨机

(1) 简介：该铺轨机是专为城市建设地铁内铺设轨排设计制造的施工设备，设备克服地铁铺轨施工作业的区段复杂性、作业多样性、转运差异性等问题，可人工调节整机高度，可实现高低作业铺轨功能，可实现人工机械调整轨距，可实现空载低位正线转运，可实现多机联动铺设长轨排作业。

(2) 地铁铺轨机组成（图2.57、图2.58）。

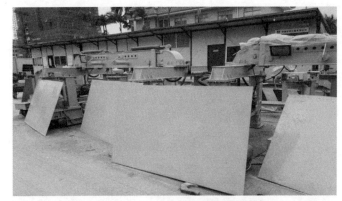

(a) MOD10-3.5型地铁铺轨机拼装前

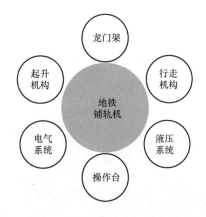

图2.57 地铁铺轨机组成图

(b) MOD10-3.5型地铁铺轨机

图2.58 MOD10-3.5型地铁铺轨机

| 图名 | 铺轨型机具（二） | 图号 | GD2-12（二） |

(3) 操作程序

1) 供电：首先按下急停按钮，然后合上电控箱 DZ158-100 空开，控制变压器供电。

2) 走行（图2.59）。

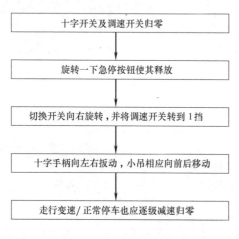

图 2.59 走行轨走行流程图

3) 起升：切换开关向左扳动，十字手柄向上或向下扳动，吊架也随之向上或向下移动。

4) 变跨和龙门升降：选择合适的停机位置，以方便操作。（轨道纵向高低差 3m 范围不大于 5mm，两轨道之间高差不大于 5mm。）接通电源，点动液压站电机，按操作面板标示进行升降、变跨、转向等作业。

2.11.1.3 GC-270 重型轨道车

（1）简介：如图 2.60，轨道车是铁路设备维修、大修、基建等施工部门执行任务的主要运输工具。轨道车分为重型和轻型两种，能由搭乘人员随时撤出线路的，称为轻型轨道车；不能由搭乘人员随时撤出线路的，称为重型轨道车。

（2）主要功能及特点：城市轨道作业中，主要使用其运输功能，将轨排及材料设备等运送至施工现场，其结构合理，牵引性能好，有较大的启动牵引力和持续牵引力，机械传动，操作灵活方便，两轴转向架结构，两轴驱动，运行平稳，具有优良的动力学性能。

图 2.60 轨道车实物图

| 图名 | 铺轨型机具（三） | 图号 | GD2-12（三） |

(3) 轨道车运行要求：

1）车辆运行或开始运行时，所有施工作业人员及车辆人员均应按照"联系"、"确认"、"监督"、"检查"四项基本制度执行。

2）当班司机、调车员应负责工程列车运行安全，按规定速度运行（若无特殊要求，应按本办法关于限速章节的规定），鸣笛、行驶。

3）在施工作业中，各专业进行作业时应指派专人负责指挥，告诉调车人员作业意图，对位地点及其他注意事项。

4）列车到达，停车对位好后，先安装车辆的防溜设备。再启动时，要先撤除防溜设备。

5）严禁在超过6‰的坡道上分摘列车，严禁手推调车，严禁使用对讲机调车作业，严禁溜放作业，严禁提活钩。

2.11.1.4 PC-40轨道平板车

简介：一般与轨道车相连接，在轨道车的牵引下，提供运输功能，运输轨排及相关材料，它具有结构简单、使用方便、容易维护、承载能力大、污染少等优点（图2.61、图2.62）。

图2.62 PC-40轨道平板车

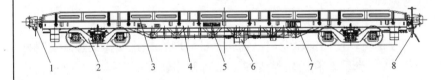

图2.61 PC-40轨道平板车结构图

1—车钩；2—转向架总成；3—活动低堵板；4—车架总成；
5—构造速度标识；6—制动系统；7—集中标识；8—手制动

| 图名 | 铺轨型机具（四） | 图号 | GD2-12（四） |

2.11.1.5 混凝土搅拌罐

（1）简介：如图2.63，该产品兼有预拌混凝土的搅拌运输和混凝土原材料的搅拌运输多种功能，能充分保证被运输的混凝土质量和加快运输速度，它是商品混凝土搅拌站的理想配套设备，并可根据用户需求配装轨道车底盘，置于轨道平板车上。

（2）用途：在轨道施工过程中，常用于两侧水沟混凝土浇筑，在长距离运输过程中保证被运送的混凝土质量，便于使用。

图2.63 混凝土搅拌罐

2.11.2 无砟轨道小型料具

2.11.2.1 防溜铁鞋

简介：如图2.64，保证轨道车停车时的稳定，防止轨道车溜车现象发生，每辆轨道车至少配防溜铁鞋4只。

图2.64 防溜铁鞋

2.11.2.2 钢轨支撑架

（1）简介：轨排运输到作业面吊铺下落，轨道调整支架的螺旋支腿定位轨道高度控制在500mm以内，使用钢轨临时接头连接器将短轨节逐根连接（图2.65）。

（2）主要功能及要求：每间隔4根轨枕安装一根轨排支撑架连接左右股钢轨，使用铺轨龙门吊铺轨，铺轨时在轨排支撑架螺旋支腿外加装PVC套管，利用轨排支撑架结合使用轨道侧向螺旋支撑精调轨道平面、纵横断面并固定轨道位置，道床混凝土浇筑完成后，混凝土强度达到7.5MPa后拆除支撑架。

| 图名 | 无砟轨道小型料具（一） | 图号 | GD2-13（一） |

(a) 丝杠

(b) 钢轨支撑架

图 2.65 调轨支架（钢轨支撑架与丝杠配合使用）

2.11.2.3 斜撑

简介：结构稳定性好，用于轨道几何尺寸精调时使用。一般情况，一端支撑于盾构管壁，另一端支撑于钢轨外侧轨腰部位，或两端支撑于钢轨内侧轨腰，用于调整轨距（图 2.66）。

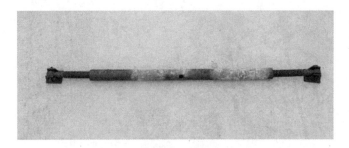

图 2.66 斜撑

2.11.2.4 轨距拉杆

简介：轨距拉杆是用一根杆件在轨底将两根钢轨连接起来，以提高钢轨的横向稳定性，提高轨道保持轨距的能力，在地铁正常运营中，也经常使用在关键部位（图 2.67）。

图 2.67 轨距拉杆

| 图名 | 无砟轨道小型料具（二） | 图号 | GD2-13（二） |

2.11.2.5 钢支墩

简介：其底座安装膨胀螺栓，固定于马蹄形和矩形隧道底板或盾构管壁上，用于支撑地铁铺轨机走行轨，保证地铁铺轨机走行轨的轨距和高度的稳定（图2.68）。

图2.68 钢支墩（正视图、侧视图）

图2.69 夹轨钳

2.11.2.6 轨排吊具

简介：夹轨钳和轨排吊具配合使用，固定于钢轨轨头，用于轨道吊装，在吊装过程中需严格保证夹轨的位置正确和吊点的正确，吊装完毕后，需及时取下，按要求存放（图2.69、图2.70）。

图2.70 轨排吊具

| 图名 | 无砟轨道小型料具（三） | 图号 | GD2-13（三） |

2.11.2.7 道尺

(1) 简介：如图 2.71，道尺是轨道建设与轨道日常养护的常用工具之一，由固定测量头、活动测量头、倾角仪器等组成，既可以测量轨距，还可以测量水平。

图 2.71 道尺

(2) 使用方法：机械式道尺使用前进行计量、校对就可以使用，不要标定；数字道尺使用前一定要进行标定，再检定合格后才能测量、使用。实际操作时，提着把手将轨距尺垂直横放在两根铁轨上，压紧。将固定端测座紧贴在一边钢轨的内侧，右手捏动拉手，让活动端测座放于另一端铁轨的内侧，放开拉手，使活动端测座紧贴钢轨。这时从标尺上读出的数字就是轨距，水准泡居中时，度轮盘的读数即为该位置的高差。

2.11.2.8 基标尺

(1) 简介：如图 2.72，基标尺是一种用于测量轨道机车车辆轮对内距的表式内距尺，它使测量时测杆的轴线位移，通过齿条、齿轮传动，变为指针的角位移，进行放大。组成：限位钩、测量表、扳手、隔热手把、尺体、可调测头，并且限位钩、测量表、测头与尺体连为一体，扳手与测量表的测杆铰接，测量表上的测杆穿过限位钩上的通孔。优点：结构简单，测量准确，分度值由原来的 1mm 改为 0.1mm，使其读数清晰。

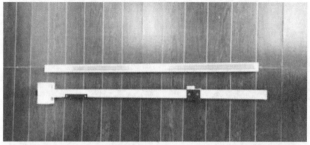

图 2.72 基标尺

| 图名 | 无砟轨道小型料具（四） | 图号 | GD2-13（四） |

(2) 使用方法：按照测量给出的高程数据，将测杆上调整到对应数据，测量指针对准插入基标点的对应桩孔，再把可调侧头一端置于钢轨之上，限位钩贴近钢轨内测，前后调整测头位置，使基标尺稳定，读数。

2.11.2.9　方尺

(1) 简介：如图 2.73，方尺用于轨道铺设中，测量轨枕是否与钢轨保持垂直，轨枕与钢轨垂直以保证轨枕在日常作业过程中，均匀受力。

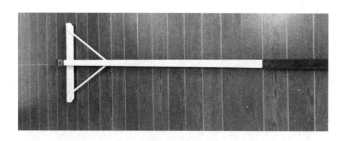

图 2.73　方尺

(2) 使用方法：测量内锁闭道岔杆件安装是否方正。把方尺丁字边放在直基本轨上卡紧，方尺的一边与杆件的一边对齐，观察方尺的另一边与杆件的另一边是否对齐，若对齐说明杆件安装方正，方尺丁字一边必须放在直基本轨一边测量才正确。

方尺的另一边与杆件的另一边不对齐，说明杆件安装不方正或尖轨爬行，或枕木安装位置不正确。

2.11.2.10　支矩尺

(1) 简介：如图 2.74，支距尺是用于测量轨道道岔的导曲线支距尺寸的专业计量器具，涉及一种轨道检测装置，其结构由尺身、标度尺及尺身上的游框组成，尺身为双工形型材结构，呈方管形，在型材上下两边外沿带有向外延伸，在外沿内侧开有槽口，将其不锈钢标度尺插入在槽口内，然后在其端头用销钉固定，铁路支距尺尺身中间装有游框，游框上固定有副尺，侧板，侧板上固定有调整螺栓，尺身端头装有十字板和测头，整个支距尺呈丁字形结构。

(2) 优点：结构简单、生产安装容易，最大特点不锈钢标度尺为在型材上方与尺身固定，精度高、经久耐用，标度尺不易磨损。

图 2.74　支矩尺

(3) 使用方法：将测头固定在道岔基本轨外侧，松开侧板上调整螺栓，游框滑动到尖轨内测，紧固螺栓，在游框内根据副尺和标度尺读数。支距点的间距按 5m 进行设置，支距值可根据道岔型号进行查表，一般情况下，查表的数据是按线间距 5m 计算的。

| 图名 | 无砟轨道小型料具（五） | 图号 | GD2-13（五） |

2.11.2.11 埋入式连接端子

简介：如图 2.75，在整体道床钢筋收集网断开两侧引出连接端子，在有牵引变电所的车站，在牵引所附近的整体道床内收集网中应引出排流端子；在车站有效站台端部及距有效站台端部 250mm 的对应位置，从整体道床收集网中每处引出 1 个测量端子。

图 2.75 埋入式连接端子

2.11.3 无缝线路施工工具设备

2.11.3.1 钢轨正火机

简介：当焊接接头焊后温度自然冷却到 500～600℃之间，然后用正火机将焊缝加热到 850～880℃（加热器应沿焊接接头纵向摆动量 7～10cm），再自然冷却。正火时应严格控制温度，并采用红外线测温仪控制，图 2.76 为 JRQ-60F 型钢轨正火机。

正火时，应对压力进行记录；正火时间及正火温度应该严格控制并做好相应记录；加热器在正火时的相关数据也应做好记录。

图 2.76 JRQ-60F 型钢轨正火机

| 图名 | 无缝线路施工工具设备（一） | 图号 | GD2-14（一） |

2.11.3.2 氧气-乙炔正火机

简介：如图2.77，氧气-乙炔正火机使用轻便，便于移动和焊接，但在安全方面与JRQ-60F型钢轨正火机比较较差，在焊接接头不受拉力的条件下有用氧炔焰正火，正火温度900±50℃，正火时间及相关要求按焊接形式检测确定的工艺进行。

2.11.3.3 移动式焊轨机

简介：焊轨机组主要由焊接机头、提升架、柴油发电机组、液压系统、电器及计算机控制系统等组成。焊轨机头采用钢轨轨腰夹钳式结构设计，控制系统采计算机程序控制，自动化程度高，自动检测及显示焊接过程的位移、电流及压力等参数并自动进行存储。图2.78为K922型移动焊轨机。

图2.77 氧气-乙炔正火机

图2.78 K922型移动焊轨机

| 图名 | 无缝线路施工工具设备（二） | 图号 | GD2-14（二） |

2.11.3.4 仿形打磨机

简介：用仿形打磨机进行打磨时，进刀量不得超过 0.2mm，打磨机沿钢轨纵向往复移动，待无火花时，再适当给进刀量；打磨机从轨顶逐渐向轨侧摆动，直至完成对钢轨轮廓的仿形打磨。为提高磨削效率，在该阶段可以选择深切、快移打磨。打磨时不准冲击和跳动，对母材的打磨深度不得超过 0.5mm；打磨面不得发黑、发蓝而应平整有光泽，图 2.79 为 YMG-150 仿形打磨机。

图 2.79 YMG-150 仿形打磨机

2.11.3.5 手提砂轮机

简介：如图 2.80，利用角磨机或砂轮机对焊缝及附近轨头顶面、侧面、轨底上表面和轨底进行打磨；在打磨轨头时，平直度在焊缝两侧各 1m 范围内基本符合 0～0.5mm；焊缝踏面部位热态时呈 0.5～1.0mm 的上拱量，在常温下不能打亏；轨底上表面焊缝两侧各 150mm 范围内及距离两侧轨底角边缘各为 35mm 范围内应打磨平整；用砂轮打磨凸出量必须顺向打磨，严禁横向打磨。

图 2.80 手提砂轮机

| 图名 | 无缝线路施工工具设备（三） | 图号 | GD2-14（三） |

2.11.3.6 超声波探伤仪

简介：如图2.81，作业前，必须用标准试块对探伤仪及探头进行检验，处于完好状态时方可使用。每个钢轨焊头均应进行超声波探伤。探伤前应将焊缝处温度降低到50℃以下，冷却可以用浇水法进行，但浇水前钢轨温度不得高于250℃。在经打磨过的焊接钢轨轨底、轨腰、轨头上均匀涂抹探伤耦合剂，然后用2.5MHz超声波对轨头、轨腰及轨底进行探伤。探伤结果不得有未焊透、过烧、裂纹、气孔、夹渣等有害缺陷。同时做好增益衰减和细度衰减的记录。

2.11.3.7 锯轨机

简介：如图2.82，锯轨机是一种专门用于对铁路道轨进行快速切割的现代化高效切割设备，由发动机、机架连接体及导向架等部件组成当进行切轨作业时，将发动机用连机轴与固定在钢轨上的导向架连接为一体，在定位尺的指示下，使切割片对准欲切割部位，实现对钢轨的快速切断。适用于43～75kg/m钢轨切割，体积小，重量轻，切割速度快，切割断面精度高。

图2.81 超声波探伤仪

图2.82 锯轨机

2.11.3.8 塞尺

（1）简介：如图 2.83，由一组具有不同厚度级差的薄钢片组成的量规。塞尺用于测量间隙尺寸。在检验被测尺寸是否合格时，可以用通止法判断，也可由检验者根据塞尺与被测表面配合的松紧程度来判断。塞尺一般用不锈钢制造，最薄的为 0.02mm，最厚的为 3mm。自 0.02～0.1mm 间，各钢片厚度级差为 0.01mm；自 0.1～1mm 间，各钢片的厚度级差一般为 0.05mm；

（2）使用方法：

1）用干净的布将塞尺测量表面擦拭干净，不能在塞尺沾有油污或金属屑末的情况下进行测量，否则将影响测量结果的准确性。

2）将塞尺插入被测间隙中，来回拉动塞尺，感到稍有阻力，说明该间隙值接近塞尺上所标出的数值；如果拉动时阻力过大或过小，则说明该间隙值小于或大于塞尺上所标出的数值。

3）进行间隙的测量和调整时，先选择符合间隙规定的塞尺插入被测间隙中，然后一边调整，一边拉动塞尺，直到感觉稍有阻力时拧紧锁紧螺母，此时塞尺所标出的数值即为被测间隙值。

图 2.83 塞尺

2.11.3.9 8kW 发电机

简介：钢轨打磨作业时提供临时用电，该发电机体积较小，轻便，操作方便，便于移动和使用（图 2.84）。

图 2.84 8kW 发电机

2.11.3.10 电动扳手/丁字扳手

简介：电动扳手输出旋转扭矩，通过离合器，传动轴，扭矩由连接轴传递到有蓄力加力装置作用的冲击加力机构上，然后通过套筒对螺栓上的螺母实现松开和锁紧作业。常用于扣配件螺栓紧固。图 2.85 为丁字扳手。

| 图名 | 无缝线路施工工具设备（五） | 图号 | GD2-14（五） |

图 2.85 丁字扳手

2.11.3.11 齿条式起道机

（1）简介：齿条式千斤顶（又名起道机），也叫手动起道机，本机是手动式起重工具种类之一，齿条式起道机主要用于铁路道轨铺设和维修，结构紧凑（图 2.86）。

（2）齿条起道机使用方法

1）提升：起道机应平稳放置，用长度 1.5m 钢杆插入摇杆孔内，上下往复扳动到需要的提升高度为止。

2）缓降：把慢降控制手柄向上扳到制动位置将杠杆上下扳动，每往复一次即下降一牙。

3）急降：抽出杠杆，用杠杆垂直撞击速降脚板尾面，就能一次降落到起点位置。

图 2.86 齿条式起道机

2.11.3.12 滚轮

简介：用齿条式起道机抬高钢轨后，在钢轨底部放置滚轮，用于垫平钢轨，放散应力，便于轨端打磨除锈等作业。

| 图名 | 无缝线路施工工具设备（六） | 图号 | GD2-14（六） |

2.11.3.13 推瘤刀

简介：如图 2.87，钢轨焊机推瘤刀是用于钢轨焊接后对焊接接头的焊后余高进行加工（即推瘤）。通过推瘤刀对焊接接头的加工，可减少后序打磨的工作量，使焊缝表面成型美观，提高焊接质量。钢轨焊机的推瘤动作是在钢轨焊接结束后立即进行的，因此，推瘤刀是在 1000℃ 左右的高温环境下工作。

2.11.3.14 钢轨直度测量尺

简介：如图 2.88，待焊缝正火完，温度降低到 300℃ 以下时，采用钢轨直度测量尺对钢轨进行直度检测，在焊缝前后各 1m 范围内，水平弯曲度不应大于 0.3mm/m（以作用面一侧测量为准），垂直弯曲度不大于 0.5±0.3mm（以轨顶面测量为准）。焊缝部位在热影响下有 0.5～1.0mm 的上拱量。配合塞尺检查钢轨轨头顶面、侧面平直度。

图 2.87 推瘤刀

图 2.88 钢轨直度测量尺

| 图名 | 无缝线路施工工具设备（七） | 图号 | GD2-14（七） |

3 施工设计说明

3.1 主要技术标准

3.1.1 正线

（1）正线及辅助线、出入段线采用 60kg/m、U75V 钢轨。

（2）轨距采用标准轨距 1435mm；当曲线半径 200m>R≥150m 时，轨距加宽至 1440mm，当曲线半径 150m>R≥100m 时，轨距加宽至 1445mm。轨距加宽值应在缓和曲线或圆曲线两端直线段内递减，递减率不宜大于 2‰。

（3）地下线及 U 形槽内整体道床采用弹性分开式扣件，一般地段轨底坡为 1：40；除道岔和道岔间不足 50m 地段不设轨底坡其余均设 1：40 轨底坡。当道岔与两端线路进行轨底坡过渡时，应在道岔两端最外侧两根岔枕上进行轨底坡过渡。

（4）正线及辅助线，轨枕及扣件一般地段按 1600 根（对）/km 设置，在曲线半径 $R≤400m$ 或线路坡度 $≥20‰$ 地段采用 1680 根（对）/km 布置，以增加轨道纵向阻力，提高防爬力。在泵房、结构缝等处轨枕间距可以根据道床块的长度在 500～650mm 间作适当调整、相邻轨枕间距变化较大时应进行轨枕间距过渡，前后轨枕间距变化差值不得超过 50mm。人防门、防淹门门槛处轨枕间距不宜超过 650mm。

（5）正线及辅助线采用 9 号单开道岔（含 4.5m、5.5m 单渡线）和 5m 交叉渡线。

（6）地下线整体道床（矩形、马蹄形、圆形）曲线超高，采用外轨抬高超高值的一半，内轨降低超高值一半的方法设置。曲线最大超高值为 120mm，一般地段欠超高不宜大于 61mm，困难地段不得大于 75mm，最大过超高为 40mm。曲线段设置超高不应小于 5mm，以免出现反超高。曲线超高值应在缓和曲线内递减，无缓和曲线时，应在直线地段递减。超高顺坡率不宜大于 2‰，困难地段不宜大于 2.5‰。车站辅助线曲线不设置超高，不得出现反超高。

（7）地下线一般地段采用弹性分开式扣件，中等减振地段采用轨道减振器扣件，高等减振地段采用隔离式减振垫浮置板道床、梯形轨枕减振道床，特殊减振地段采用钢弹簧浮置板道床。

（8）按不同的铺设地段，轨道高度详见表 3.1。

正线轨行区范围内轨道高度　　　　表 3.1

隧道类型	轨道类型	轨道结构高（mm）	备注
矩形隧道	一般及中等减振地段	580	含 20mm 施工误差
矩形隧道	高等减振地段	780	f 为仰拱回填高度，不在轨道设计范围
马蹄形隧道	一般及中等减振地段	$580+f$	
马蹄形隧道	高等减振地段	$780+f$	
圆形隧道	一般及中等减振地段	760	
圆形隧道	高等、特殊减振地段	820	

注：1. 一般地段采用长枕埋入式普通整体道床，中等减振地段采用压缩型减振扣件，高等减振采用梯形轨枕轨道和减震垫浮置板，特殊减振采用钢弹簧浮置板道床。

2. 圆形隧道轨道结构高度为设计轨顶面～限界最低点的高差，不含施工误差。

| 图名 | 主要技术标准（一） | 图号 | GD3-1（一） |

3.1.2 车场线

(1) 车场线采用 50kg/m、U71Mn 钢轨，试车线、出入线采用 60kg/m、U75V 普通热轧钢轨。轨距：标准轨距 1435mm，段内最小曲线半径 $R=150$m，小半径地段轨距加宽按表 3.2 执行。

曲线地段轨距加宽值　　　　　　　表 3.2

曲线半径(m)	加宽值(mm)	轨距(mm)
$200>R\geqslant 150$	5	1440

注：轨距加宽值应在缓和曲线和曲线范围内递减，无缓和曲线或其长度不足时，应在直线段递减，递减率不得大于 2‰。

(2) 轨底坡：采用 1/40 轨底坡，道岔及道岔间不足 50m 的地段不设轨底坡，当道岔与两端线路进行轨底坡过渡时，须在道岔两端外侧岔枕上进行轨底坡过渡。

(3) 扣件及道床：出入线地面段、车场线库外碎石道床地段采用弹条 I 型扣件，库内整体道床采用 DJK5-1 型扣件，试车线检查坑地段采用 II 型检查坑扣件。

(4) 道岔：试车线采用碎石道床 60kg/m 钢轨 9 号直线尖轨道床，车场线采用碎石道床 50kg/m 钢轨及 7 号 5m 间距交叉渡线，均用混凝土岔枕。

(5) 轨枕密度：出入线地面段、试车线轨枕铺设根数为 1680 根/km，库外线混凝土枕碎石道床地段为 1440 根/km，平交道口混凝土碎石道床地段为 1820 根/km。库内线一般短轨枕整体道床、立壁式检查坑地段为 1440 根/km。

(6) 无缝线路：出入线地面段、车场线铺设有缝线路。试车线铺设温度应力式无缝线路，设计锁定轨温 30±5℃。道岔前后各设 2 对 25m 的缓冲轨。

(7) 超高：车场线不设超高。

3.2 主要设计依据

(1)《地铁设计规范》GB 50157—2013。
(2)《城市轨道交通工程项目建设标准》建标 104—2008。
(3)《城市轨道交通技术规范》GB 50490—2009。
(4)《铁路轨道设计规范》TB 10082—2017。
(5)《铁路线路设计规范》GB 50090—2006。
(6)《铁路车站及枢纽设计规范》GB 50091—2006。
(7)《铁路无缝线路设计规范》TB/T 10015—2012。
(8)《无缝线路铺设及养护维修方法》TB/T 2098—2007。
(9)《铁路轨道强度检算法》TB 2034—1988。
(10)《浮置板轨道技术规范》CJJ/T 191—2012。
(11)《铁路轨道工程施工质量验收标准》TB 10413—2003。
(12)《铁路轨道工程施工安全技术规程》TB 10305—2009。
(13)《地下铁道工程施工及验收规范》GB 50299—1999。
(14)《钢轨焊接（通用技术条件，闪光焊接，铝热焊接，气压焊接)》TB/T 1632.1～4—2005。
(15)《混凝土结构设计规范》GB 50010—2010。
(16)《混凝土结构工程施工质量验收规范》GB 50204—2015。
(17)《铁路混凝土结构耐久性设计规范》TB 10005—2010。
(18)《城市区域环境振动标准》GB 10070—1988。
(19)《声环境质量标准》GB 3096—2008。
(20)《地铁杂散电流腐蚀防护技术规程》CJJ 49—1992。

(21)《铁路碎石道砟》TB/T 2140—2008。
(22)《铁路碎石道床底碴》TB/T 2897—1998。
(23)《城市轨道交通工程测量规范》GB/T 50308—2017。
(24)线路专业提供的线路平、纵断面资料,站场专业提供的车辆段、停车场总布置图资料,行车专业提供的列车牵引计算资料等接口资料;
(25)地方和铁路行业现行的有关标准、规范及暂行规定等;
(26)有关业主、总体及相关专业下发的联系单及会议纪要等资料。

3.3 轨道主要设备设计方案

3.3.1 钢轨

正线及辅助线采用 U75V、60kg/m 普通热轧标准长度 25m 钢轨,一般地段采用无螺栓孔钢轨,道岔前后缓冲轨采用有螺栓孔钢轨。技术要求应符合《43kg/m～75kg/m 钢轨订货技术条件》TB/T 2344—2012 的规定。正线钢轨接头应采用对接,配线半径不大于 200m 的曲线地段应采用错接。错接距离不小于 3m。道岔前后缓冲轨以及辅助线有缝线路采用冻结接头夹板,接头螺栓应采用 10.9 级高强度接头螺栓,采用 M27 螺栓及螺母,垫圈应采用高强度平垫圈。拧紧扭力矩不小于 1100N·m。

3.3.2 扣件

正线及辅助线采用弹性分开式扣件,常用的有:ZX-3 型扣件、DTⅢ2 型扣件、弹条Ⅲ型分开式扣件;有碴道床地段采用弹条Ⅰ型扣件,库内整体道床采用 DJK5-1 型扣件,试车线检查坑地段采用Ⅱ型检查坑扣件。

(1) ZX-3 扣件形式结构尺寸及性能指标,见图 3.1、表 3.3、表 3.4,扣件节点垂直静刚度为 20～40kg/mm,螺栓扭矩为 100～150 N·m,轨下及板下垫板采用热塑性聚酯弹性垫板。轨面最大调高量为 20mm(板下调高),轨距调整量为 -28～+24mm。

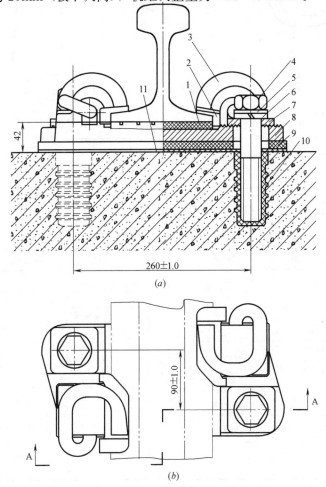

| 图名 | 轨道主要设备设计方案(一) | 图号 | GD3-3(一) |

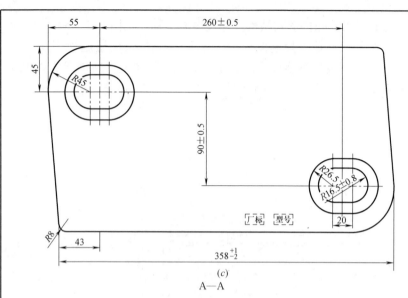

(c)
A—A

图 3.1 弹性分开式扣件

图 3.1 中扣件零件数量标（每个扣件节点） 表 3.3

标号	图号	名称	数量	材料	体积或质量
1	02000-S-DC-01-103	轨下垫板	1	热塑性聚酯弹性体	284cm³
2	专线 9675-1-5	绝缘轨距块	2	玻纤增强聚酰胺 66	113.394cm³
3	专线（01）3328-1-3	Ⅲ型弹条	2	60SI2MnA	1.65kg
3	专线 9602	钢轨接头用Ⅲ型弹条	2	60SI2MnA	1.6kg
4	专线 9675-1-6	螺栓	2	45 号钢	2.44kg
5	《平垫圈 C级》GB/T 95	平垫圈 30	2	Q235-A	0.10kg

续表

标号	图号	名称	数量	材料	体积或质量
6	《重型弹簧垫圈》GB 7244	重型弹簧垫圈 30	2	65Mn 或 60Si2Mn	0.18kg
7	专线 9675-1-4	调距扣板	2	QT450-10	0.74kg
8	专线 9675-1-3	铁垫板	1	QT450-10	11.61kg
9	02000-S-DC-02-104	铁垫板下垫板	1	热塑性聚酯弹性体	706cm³
10	专线 9675-1-7	塑料套管	2	玻纤增强聚酰胺 66	294cm³
11	专线 9675-1-10	铁垫板下调高垫板		高密度聚乙烯	

ZX-3 型扣件不同轨距调整数量时绝缘轨距块号码配置 表 3.4

轨距调整量	左股钢轨		右股钢轨	
	外侧	内侧	内侧	外侧
−8	12	6	6	12
−6	12	6	8	10
−4	10	8	8	10
−2	10	8	10	8
0	8	10	10	8

图名	轨道主要设备设计方案（二）	图号	GD3-3（二）

续表

轨距调整量	左股钢轨		右股钢轨	
	外侧	内侧	内侧	外侧
+2	6	12	10	8
+4	6	12	12	6

1. 铺设注意事项：
(1) 在铁垫板承轨槽位置上铺设规定的轨下橡胶垫板，其凸出边缘应扣住铁垫板两边。
(2) 待钢轨正确安装落道整顺后，按轨距配置表的规定安装轨距块。
(3) 轨距块的边耳应卡在铁垫板上的挡铁块两侧。
(4) 绝缘轨距块前侧面与轨底保持密贴。
(5) 若因制造偏差影响，按规定部件组装不合要求时，可调换其他号码的绝缘轨距块，使钢轨与轨距块及垫板挡肩密贴。
(6) 安装轨距块时，不得用力敲、砸轨距块。
(7) 安装弹条须使用专门工具，弹条入孔位置要放平、放正，不得歪斜、上翘，安装时工具的穿销、孔位如图3.2。
(8) 使用安装工具切忌生拉硬扳，用力要适中、稳妥。遇到弹条就位困难，可用小锤轻敲弹条尾部，同时使用安装工具用力拉，使其就位。
(9) 弹条就位以其小圆弧内侧与铁座端部相距一定距离，不得顶紧或距离过大。

2. 维护要求
(1) 线路开通后，注意观察扣件使用情况，并保持零件齐全，位置正确。
(2) 发现部件损坏、作用不良或缺少时，应及时更换，并做好记录。
(3) 无缝线应力放散时，须将弹条卸下，放散后再安装。
(4) 采用专用工具卸弹条，拆卸方法及穿销孔位如图3.2。
(5) 由于钢轨磨耗，轨下橡胶垫板压扁等原因，需要调整轨距时，采用错动调距扣板及调换不同号码绝缘轨距块调整，最大调整量为+24、-28mm。
(6) 轨面调高时，应使用铁垫板下调高垫板，轨下不得调高。

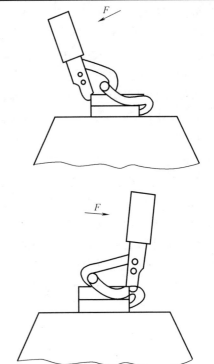

图3.2 扣件

(2) DTⅢ2型扣件（图号：001-GJ/01-01）为有螺栓弹性分开式扣件，采用国铁B型弹条，其主要技术性能指标如下：

单个弹条扣压力：≥9kN；每组扣件的爬阻力：>11kN/mm；扣件节点静刚度：21~25kN/mm；跳高量：40mm；轨距调整量：+8~12mm，预埋套管抗拔力：≥60kN。绝缘电阻：108Ω，轨底坡：不设轨底坡。

| 图名 | 轨道主要设备设计方案（三） | 图号 | GD3-3（三） |

(3) 弹条Ⅲ型分开式扣件

弹条Ⅲ型分开式扣件为弹性分开式五螺栓扣件，设计弹程13mm，单个弹条扣压力不小于11kN，扣件节点静刚度20～40kN/mm，调高量0～20mm，轨距调整量＋24～－28mm，铁垫板不设轨底坡。螺栓扭矩在直线及曲线半径$R \geqslant 800m$地段为120～150N·m，在曲线半径$R \leqslant 800m$地段为150～200N·m，螺栓必须涂油。

3.3.3 压缩型减振扣件

压缩型减振扣件的主要尺寸是将带孔橡胶和底板硫化为整体，利用硫化垫板的橡胶孔变形进行减振，可通过调整橡胶的材质调节扣件的刚度，利用橡胶的压缩变形，满足减振的性能。压缩型减振扣件直接支撑钢轨，下设调高垫板。扣件调距通过调距口半年多齿纹移动铁垫板，利用铁垫板的长圆孔来实现"无级"调距的目的。

压缩型减振扣件的垂直静刚度为15～22.5kg/mm，动静刚度比小于1.4。如图3.3～图3.5、表3.5、表3.6，减振扣件采用国铁Ⅲ型弹条。

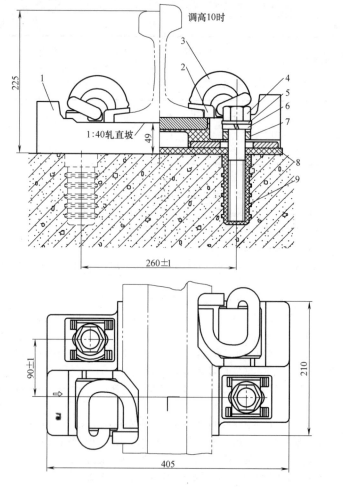

图3.3 压缩型减振扣件（一）

| 图名 | 轨道主要设备设计方案（四） | 图号 | GD3-3（四） |

扣件零件数量表（每个扣件节点）　　表3.5

序号	图号	名称	数量	材料	体积或质量
1	02000-S-01-503	压缩型减振器	1	球墨铸铁+天然橡胶	15.0kg
2	02000-S-01-504	绝缘轨距块	2	玻纤增强聚酰胺66	98.08cm^3
3	专线(01)3328-1-3	Ⅲ型弹条	2	60SI2MnA	1.65kg
	专线9602	钢轨接头用Ⅲ型弹条	2	60SI2MnA	1.6kg
4	02000-S-01-507	螺栓	2	45号钢	2.40kg
5	《平垫圈 C级》GB/T 95	平垫圈30	2	Q235-A	0.10kg
6	《重型弹簧垫圈》GB 7244	重型弹簧垫圈30	2	65Mn或60Si2Mn	0.18kg
7	02000-S-01-505	调距扣板	2	QT450-10	0.62kg
8	02000-S-01-506	调高垫板		高密度聚乙烯	根据调高使用
9	专线9675-1-7	塑料套管	2	玻纤增强聚酰胺66	294cm^3

不同轨距调整数量时绝缘轨距块号码配置　　表3.6

轨距调整量	左股钢轨		右股钢轨	
	外侧	内侧	内侧	外侧
−8	12	6	6	12
−6	12	6	8	10
−4	10	8	8	10
−2	10	8	10	8
0	8	10	10	8
+2	6	12	10	8
+4	6	12	12	6

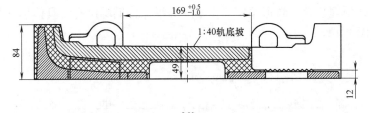

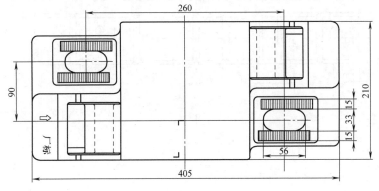

图3.4　压缩型减振扣件（二）

图名	轨道主要设备设计方案（五）	图号	GD3-3（五）

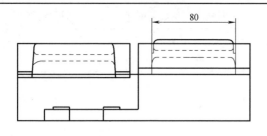

图 3.5 压缩型减振扣件剖面图

3.3.4 埋入式长轨枕

预应力混凝土长轨枕长 2.1m，混凝土强度等级为 C60，枕上设有扣件预埋套管，轨振预留 5 个 φ40 穿纵向钢筋的圆孔，具体形式尺寸见图 3.6。

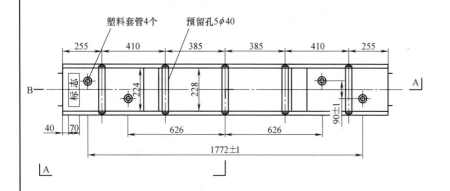

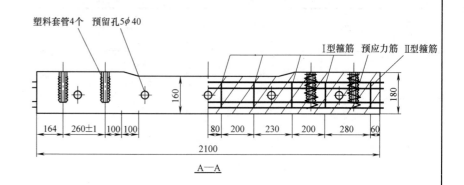

图 3.6 埋入式长轨枕

轨枕的制造及验收技术条件参照《混凝土枕》TB/T 2190—2013 执行。轨枕静载强度按《预应力混凝土枕静载抗裂试验方法》TB/T 1879—2002 进行检验：轨下截面为 93kN，枕中截面为 97kN，枕中截面为 85kN。

3.3.5 混凝土短轨枕

在钢弹簧浮置板道床、减振道床水沟过渡段、轨道结构高度不足、废水泵房处采用混凝土短轨枕，混凝土等级为 C50，枕上设有扣件预埋套管。具体形式尺寸见图 3.7。混凝土短轨枕及尺寸参数见图 3.8。

| 图名 | 轨道主要设备设计方案（六） | 图号 | GD3-3（六） |

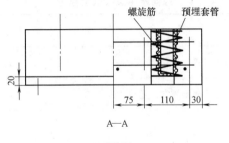

(a) 半立面

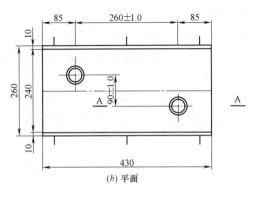

(b) 平面

图 3.7 扣件预埋套管

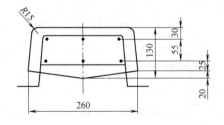

材料数量表

编号	名称	规格	数量	单位	总质量(kg)
1	N1钢筋	$\phi 10$	6	根	1.703
2	N2钢筋	$\phi 10$	3	根	1.018
3	N3钢筋	$\phi 10$	2	根	0.753
4	N4钢筋	$\phi 10$	3	根	0.500
5	螺旋筋	$\phi 3$	2	个	0.215
6	预埋套管		2	个	
7	混凝土	C50	0.013	m^3	31.2

图 3.8 混凝土短轨枕及尺寸参数

3.3.6 道岔

正线及辅助线采用 9 号单开道岔（含 4.5m、5.5m 单渡线）和 5m 交叉渡线，9 号单开道岔全长 $L=29.569m$，其中前长 $a=13.839m$，后长 $b=15.730m$。道岔结构采用曲线尖轨、固定型辙叉，导曲线半径＝200m，采用两点牵引，允许通过速度直向为 100km/h，侧向为 35km/h，道岔钢轨材质为 U75V，且轨头顶面均进行全长淬火。道岔扣件采用弹条Ⅲ型分开式扣件，轨下及板下垫板均采用弹性垫板。

图名	轨道主要设备设计方案（七）	图号	GD3-3（七）

车场线采用 7 号单开道岔和 5m 交叉渡线，7 号道岔全场 $L=23.627$m，其中前长 $a=11.194$m，后长 $b=10.096$m。道岔采用高锰钢整铸固定型辙叉，辙叉表面进行机加工，导曲线半径＝150m，采用一点牵引，允许通过速度直向为 60km/h，侧向为 25km/h。道岔区采用 W 弹条弹性分开式扣件，无轨底坡。

(1) 辙岔伤损标准：

1) 辙叉心宽 40mm 断面处，垂直磨耗，正线超过 4mm，站场线超过 8mm；

2) 辙叉顶面或侧面的任何部位有裂纹；

3) 辙叉心、辙叉翼轨面剥落掉块，长度超过 15mm，深度超过 1.5mm；

4) 探伤人员认为有伤损的辙叉；

5) 辙叉有轻伤时应注意观测，达到重伤标准时应及时更换。

(2) 辙叉重伤标准

1) 辙叉心宽 400mm 断面处，垂直磨耗：正线超过 6mm，站场线超过 10mm；

2) 垂直裂纹长度超过表 3.7 规定。

垂直裂纹长度超过   表 3.7

项目	辙叉心(mm)		辙叉翼(mm)
	宽 0~50	宽 50 以后	
一条裂纹长度	50	50	40
两条裂纹相加	60	80	60

3) 纵向水平裂纹长度超过表 3.8 规定。

纵向水平裂纹长度超过   表 3.8

项目	辙叉心(mm)	辙叉翼(mm)	轮缘槽(mm)
一条裂纹长度	100	80	200
一条裂纹发展至轨面(含轨面裂纹长度)	60	60	—
两侧裂纹贯通长度	50	—	—
两侧裂纹相对部分长度	—	—	100

4) 叉趾、叉跟轨头及下颚部位裂纹超过 30mm；

5) 叉趾、叉跟浇筑断面变化部位斜向或水平裂纹长度超过 120mm，或垂直高度超过 40mm；

6) 底板裂纹向内裂至轨腰，并超过轨腰与圆弧的连接点；

7) 螺栓孔裂纹延伸至轨端、轨头下颚或轨底，两相邻螺栓孔裂通；

8) 辙叉心、辙叉翼轨面剥落掉块。长度超过 30mm，深度超过 6mm。

正线道岔轨下基础采用钢筋桁架式混凝土长岔枕，岔枕断面见图 3.9，桁架钢筋嵌入混凝土整体道床。

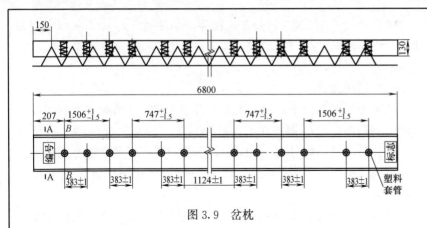

图 3.9 岔枕

3.4 轨道结构设计

3.4.1 地下线整体道床

地下线采用长轨枕埋入式整体道床。道床采用两侧排水，垂直排水沟方向设 3‰ 的横沟，且保证轨下道床低于轨枕面 30～40mm。道床及水沟均采用 C30 混凝土，双层布筋。整体道床设计年限为 100 年，环境作用等级为 T2。

道床钢筋采用 HRB400 级钢筋，钢筋直径为 $\phi12mm$、$\phi14mm$ 和 $\phi18mm$ 3 种，$\phi12mm$ 为横向钢筋及架立筋，$\phi14mm$、$\phi18mm$ 为道床纵向主筋。钢筋应符合《钢筋混凝土用钢 底 2 部分：热轧带肋钢筋》GB 1499.2—2007 要求。将地下段及 U 形槽过渡段整体道床内的纵向结构钢筋选做为杂散电流收集网，收集网截面积满足一定截面积要求：将整体道床内的纵向结构钢筋选做为杂散电流收集网。收集网的截面积：过江段杂散电流收集网截面积不小于 $4000mm^2$，其余区间每行杂撒电流收集网截面积不小于 $2000mm^2$，道床钢筋网施工时，被选做收集网的机构钢筋应均匀分布，以增加杂散电流收集效果。每段整体道床内的钢筋如果有搭接，必须进行搭接焊，焊缝高度为 6mm，焊接长度不小于钢筋直径的 6 倍。

一般地段每 12.5m 设置 1 处道床伸缩缝，在 U 形结构地、距离隧道洞口 50m 范围内，按每 6m 设置 1 处伸缩缝；在遇结构沉降缝、伸缩缝及不同类型道床分界点时，道床结构伸缩缝应增设 1 处，且应适当的调整轨枕间距。道床伸缩缝采用 1～2cm 厚、经防腐处理的木板，顶面用沥青或沥青条做防水处理。

地下一般及中等减振地段设置两侧水沟，沟底距离轨顶 440mm。水沟外侧混凝土应延伸至结构边墙。

一般地段与中等减振地段道床顶面有一定高差，施工时应注意两种道床面平顺连接。

矩形、马蹄形隧道整体道床，基底与道床连接采用 YG2 型 M16×245 膨胀螺栓，锚入深度为 110mm，露出应避开道床钢筋，每 1.25m 设置 6 个。

非盾构地段轨道结构高度小于 450mm 时，轨道高度的不足影响轨道结构强度，应采取一定的加强措施：

（1）整体道床施工前，经结构设计确认后凿除部分底板混凝土，并加强隧道底板或回填层凿毛。底板混凝土凿除后结构钢筋裸露时，应保证轨道道床钢筋和结构钢筋间的物理绝缘。

| 图名 | 轨道结构设计（一） | 图号 | GD3-4（一） |

(2) 尽量采用整体性能好的长轨枕道床，轨道高度严重不足时经设计确认可采用短轨枕式整体道床，但应保证轨底坡的施工精度和加强短轨枕周围的捣鼓。

(3) 道床纵向钢筋采用直径不小于 16mm 的 HRB400 钢筋，且每两根轨枕之间植入 6 根膨胀螺栓，加强与结构基础的连接。

3.4.2 道岔整体道床

正线及辅助线道岔采用钢筋桁架式混凝土长岔枕，道床与区间线路一致，混凝土强度等级为 C35，钢筋等级为 HRB400，直径有 $\phi 12mm$、$\phi 14mm$、$\phi 18mm$ 3 种。整体道床设计年限为 100 年，环境作用等级为 T2。

岔区道床分段设置，设两侧水沟，道床顶面设"人"字形排水横坡，以线路中心线或辙叉角平分线为分水线，分水线处道床顶面与轨枕顶面平齐，道床边厚度 320mm。为了绕避转辙机坑，在转辙机坑处，道床水沟改为单侧，通过横向水沟连通。水沟外侧混凝土应延伸至结构边墙。

道岔区横沟应设置在 2 个轨枕之间，且避开道床及结构伸缩缝设置。

结构沉降缝、伸缩缝应避开道岔区范围设计，施工期间，如遇到此类情况，应及时通知设计单位，以便调整道岔道床设计，采取必要加强措施。

3.4.3 梯形轨枕轨道道床及配套吸音板

(1) 结构特点

梯形轨枕长度为 5900mm，承轨台不设轨底坡。梯形轨枕出厂前底部粘贴弹性垫板；梯形轨枕两侧设缓冲垫或泡沫板，纵向限位凸台前后设置缓冲垫板。

梯形轨枕钢筋混凝土主体的使用寿命不低于 100 年，减振部件使用寿命不低于 20 年。减振性能指标为 10~12dB。

梯形轨枕采用 ZX-3 型分开式扣件，扣件间距为 600mm。在缓和曲线及设超高顺坡的直线地段，应调整轨面标高，采用调高垫板的方式调整。

(2) 道床设计

道床为钢筋混凝土，混凝土强度等级为 C35，梯形轨枕底部设上下两层钢筋网，底层钢筋在水沟底部连通；梯形轨枕两侧亦设钢筋网，纵、横向钢筋牌号为 HRB400，钢筋布置应满足杂散电流防护要求，钢筋最小保护层为 35mm。整体道床设计年限为 100 年，环境作用等级为 T2。

道床分段布置，5900mm 枕每两块枕设为一段，结构变形缝处亦应设置道床缝，道床缝易在对应枕缝处设置，缝宽 20mm，采用沥青木板，顶部用沥青或沥青条。

曲线地段的超高通过半超高方式实现，即将梯形轨枕轨排绕轨顶连线中点旋转，使内股钢轨降低半个超高、外股钢轨抬高半个超高，内外侧道床的外形及钢筋布置相应进行调整。圆曲线地段，超高通过梯形轨枕整体旋转，在道床上实现；缓和曲线地段计算出每片梯形轨枕前后端应设超高，分别取内外侧钢轨的最大降低值和最小抬高值作为道床预设超高，然后再调整扣件，使各扣件处钢轨超高达到实际值。

道床中心和两侧各设排水沟，沟底距轨面一般为 560mm；两侧水沟沟底标高与普通地段一致。排水坡一般与线路坡度一致，在两端衔接段为保证排水通畅，需根据情况进行顺坡处理；曲线内侧，需在梯形轨枕底部每隔一段设置横向导水沟，引排枕下积水。

(3) 过渡段设计

| 图名 | 轨道结构设计（二） | 图号 | GD3-4（二） |

1) 刚度过渡段

梯形轨枕道床与普通整体道床轨道建的过渡段通过加密与其他普通道床相邻的1块或2块梯形轨枕的减振垫来实现。

2) 排水沟顺接：

梯形轨枕道床与普通道床连接处，在普通道床段内进行过渡，要求水沟过渡段不能出现反坡，以保证线路排水通畅。

（4）配套吸声板

吸声板以陶粒、水泥等无机材料为主制成，铺设在梯形轨枕道床中心位置，降噪的同时兼具水沟盖板与疏散通道功能，降噪效果≥3dB，主要技术参数如下：

1) 28d抗压强度≥8.0MPa；
2) 28d抗折强度≥2.0MPa；
3) 降噪系数（NRC）≥0.8；
4) 密度≤1100kg/m³；
5) 环保无毒，燃烧性能为A1级。

3.4.4 减振垫浮置板道床

（1）结构特点

减振垫浮置板采用与普通道床相同的预应力混凝土长枕，相比于普通地段整体道床，增加了基地道床、水沟和铺设弹性垫层的工序，可采用轨排架设法或散铺法施工。

减振垫的设计使用寿命不小于50年。减振性能指标为12dB以上。

轨道结构高度：圆形隧道减振垫浮置板道床820mm（至限界圆），矩形隧道减振垫浮置板道床780mm。

（2）道床设计

减振垫浮置板道床采用C40钢筋混凝土结构，浮置板钢筋：HRB400。基地采用C40钢筋混凝土结构，基地钢筋：HRB400。整体道床设计年限为100年，环境作用等级为T2。

基地表面斜度与轨道连线相统一（超高在基地设置）。基地中心设置水沟，在浇筑道床板混凝土时水沟上方铺设厚度不小于3mm的钢盖板，并将钢盖板通过设置锚筋与道床板牢固连接，道床两侧设置双侧水沟。

（3）过渡段设计

1) 刚度过渡段

当减振垫浮置板道床与梯形轨枕道床或减振扣件道床相接时，无需设置过渡；当减振垫浮置板道床与普通道床相接时，应在减振垫浮置板道床内设置过渡段，过渡段采用刚度较大的减振垫，过渡段长度一般按3个道床块考虑。

2) 排水沟顺接

普通道床双侧水沟与减振垫道床双侧水沟可直接顺接，减振垫中心水沟与梯形轨枕中心水沟可直接顺接。区间减振垫道床基地水沟的水在下游整体道床采用坡度差的设计逐步引入正常的普通道床水沟。

3.4.5 钢弹簧浮置板道床

（1）结构特点

液体阻尼钢弹簧浮置板轨道由钢轨、扣件、钢筋混凝土浮置式道床板、混凝土短轨枕、基地、隔振器及其他附属设施组成，轨道结构高度820mm（圆形地段）。道床板浮置通过嵌固于其中的钢弹簧隔振器实现。超高采用外轨抬高一半内轨降低一半设置。可采用基地倾斜与轨面连线相一致的原则来实现隔振器布置。

| 图名 | 轨道结构设计（三） | 图号 | GD3-4（三） |

钢弹簧浮置板设计使用年限，可更换的至少为 25 年，不可更换的同道床寿命为 100 年。减振性能指标为 15dB 以上。

浮置板道床混凝土浇筑前必须将钢轨、扣件及短轨枕组装成轨排，严禁不悬挂轨枕进行道床混凝土浇筑。

（2）道床设计

浮置板道床采用 C40 钢筋混凝土结构，浮置板钢筋：HRB400，浮置板之间设置置式剪力铰。基底采用 C40 钢筋混凝土结构，基底钢筋：HRB400。整体道床设计年限为 100 年，环境作用等级为 T2。

基底表面斜度与轨面连线相统一（超高在基底设置）。基底中心设置水沟，在浇筑道床板混凝土时水沟上方铺设厚度不小于 3mm 的钢盖板，并将钢盖板通过设置锚筋与道床板牢固连接。钢板需进行涂刷防锈漆处理。

（3）过渡段设计

1）刚度过渡段

浮置板地段与一般道床地段之间的刚度过渡通过在浮置板板端加密隔振器来实现。浮置板与梯形轨枕之间不需要设置过渡段。

2）排水沟顺接

排水采用线路中心沟进行预留。基地水沟的水在下游整体道床采用坡度查的设计逐步引入正常的普通道床水沟。

3.4.6 轨道无缝线路

（1）主要设计参数及锁定轨温设计

ZX-3 型扣件垂直静刚度为 20～40kN/mm，扣件的纵向阻力不小于 9kN/m/轨。

根据《铁路无缝线路设计规范》TB 10015—2012 和国内地铁洞内实测轨温资料，如南宁市最高轨温 60.4℃、最低轨温－2.1℃，洞内轨温在 0～40℃左右，因此，地下线设计锁定轨温范围为 25±5℃，U 形结构地段设计锁定轨温范围为 30±5℃。

无缝线路应在设计锁定轨温范围内锁定，相邻单位轨节间的锁定轨温差不大于 5℃，同一单元轨节左右股钢轨锁定轨温温差不大于 5℃，同一区间内单元轨节的最高与最低锁定轨温差不大于 10℃。

（2）无缝线路轨条布置

正线无缝线路。正线道岔前后设置 1 根 25m 短轨，其余地段均采用长轨条。正线道岔直股和侧股、与道岔前后缓冲轨间、缓冲轨与长轨条间和辅助线均采用冻结。为消除接头轨缝和便于伤轨、伤损辙叉更换，在道岔接头两端设置玻璃钢材或用同型号钢轨锯成轨端片，以方便养护；其余钢轨接头正常安装时不使用轨端片。

冻结接头方案措施如下：

1）冻结 10.9s、M27 螺栓及螺母，扭矩不小于 1100N·m；

2）螺母、平垫圈性能等级应与螺栓相匹配；

3）冻结接头施工一周后，应复拧，确保螺栓扭矩在设计范围内，以后定期检查并复紧，是螺栓长期保持足够的张力，运营期间养护按《无缝线路铺设及养护维修方法》TB/T 2098—2007 要求养护。

| 图名 | 轨道结构设计（四） | 图号 | GD3-4（四） |

(3) 位移观测桩设置

位移观测桩设置满足《铁路无缝线路设计规范》TB 10015—2012 第 4.6 节的规定：1) 对于包含多个单元轨节的无缝线路长轨条，应按单元轨节内等距离设置位移观测桩，桩间距离不宜大于 500m。单元轨节长不足 500m 整数倍时，可适当调整桩间距离。单元轨节位移观测桩可按图 3.10 设置。2) 跨区间无缝线路距长轨条起、终点 100m 应分别设置一组位移观测桩。3) 坡度代数差大于等于 20‰ 的边坡点、结构分界点处（隧道与 U 形槽衔接处、路基段与 U 形槽衔接处等）应增设位移观测桩。

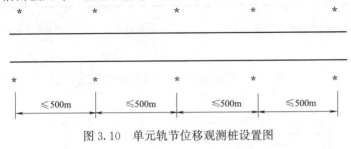

图 3.10 单元轨节位移观测桩设置图

铺设无缝线路时，钢轨纵向位移观测标志埋设要齐全、牢靠，易于观测。

位移观测桩设置方法：可用位移观测点标记代替位移观测桩、推荐钢轨上贴尺子，道床上埋设刻有十字的钢筋头，应低于轨底面 10mm。

3.4.7 隧道内道床排水

隧道内道床排水基本原则主要是排除结构渗漏水、消防废水和道床冲洗水等。排水沟断面一般地段为矩形断面，排水沟的纵向设置与线路坡度一致，但水沟最小纵向坡度不小于 2‰。

(1) 普通地段排水方案

一般地段整体道床采用双侧排水沟，水沟设于道床外侧。普通地段水沟至轨顶标高为 440mm。道床排水沟纵坡一般与线路坡度一致，若泵站不在线路最低点，应以泵站为起点作 2‰～3‰ 反坡，使排水顺畅。

圆形隧道整体道床以道床外侧边及盾构管片内壁形成道床排水沟，道床外侧边距离线路中心线 1250mm；矩形隧道、马蹄形隧道及 U 形槽整体道床设置矩形水沟，水沟内侧距离线路中心线 1400mm，水沟宽度为 200。水沟标高均以轨道中心线轨面标高为基准，沟底距轨面 440mm。

不同形式水沟断面之间应进行衔接过渡，过渡段长度一般为 2m。

(2) 有岔车站排水方案

有岔车站普通地段及道岔道床地段设矩形双侧水沟，宽度为 300mm。道岔道床区域或其他位置一侧水沟须汇入另一侧时，设道床横截沟，沟底距轨面距离为 500mm。

道床水沟在转辙机安装基坑前通过横沟汇入基坑对向侧沟。

(3) 减振道床排水方案

具体详见道床设计图。

普通道床段流入减振道床中心水沟的水，应在减振道床大里程端基底水沟端部设置水篦子，以防其他垃圾物堵塞中心水沟。

(4) 废水泵房处排水方案

在线路实际最低处设置汇水坑和泵房，道床排水通过侧沟排入汇水坑，再用排水管接入车站或区间的废水泵房。排水管管底低于水沟底不小于 50mm，坑底低于排水管管底 20～40mm 考虑。为防止沉积堵塞排水孔，设置一沉沙装置，并在排水管口接口处设铸铁箅子、格栅。格网应选用防腐材料。

图名	轨道结构设计（五）	图号	GD3-4（五）

(5) 施工注意事项

1) 车站泵房处，集水坑应与结构预留坑位置对齐，除采用道床下预埋管排水外，道床顶面设置一道明沟，明沟不应与消防水管沟槽共用。

2) 道岔道床浇筑前，应根据排水图提前确定好道岔区的位置。可根据施工后的实际情况做适当调整。横沟应设有坡度，避免积水。

3) 区间泵房（变坡点竖曲线范围）附近水沟纵坡较小，沟底抹面时严禁出现反坡。

4) 道岔两侧水沟在转辙机沟槽位置至少应低 50mm。施工时应注意基坑内横向坡度，避免在转辙机下方积水。

5) 轨道减振道床地段与普通道床之间的排水衔接，应保证排水通畅。

6) 短轨枕道床中心水沟、泵房集水坑和横向水沟上方应设置盖板。短枕道床中心水沟盖板。

图 3.11～图 3.13 为排水图及积水坑盖板详图

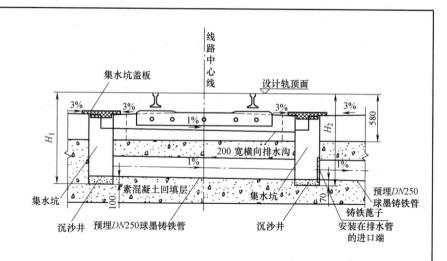

图 3.12 圆形隧道废水泵房处道床排水图

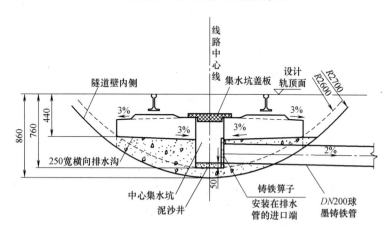

图 3.11 矩形隧道废水泵房处道床排水图

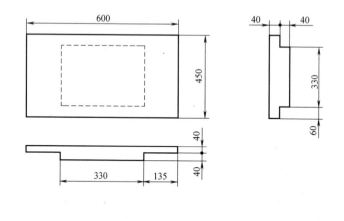

图 3.13 积水坑盖板详图

| 图名 | 轨道结构设计（六） | 图号 | GD3-4（六） |

3.5 轨道附属设备设计方案

3.5.1 线路信号标识

为了行车安全和工务人员维修，需设置线路标志和信号标志。

线路标志主要有百米标、坡度标、曲线要素标、曲线始终点标。信号标志（与工务有关）主要有进站预告标、限速标、停车标、终点停车标、警冲标。

百米标、进站预告标、限速标、停车标按反光标志要求制作，全部为白底黑字。警冲标采用金属管或混凝土制作表面粘贴反光膜，其他标志可采用搪瓷或金属漆制造。

水准点标50m设置1个每200m设置1个控制水准点标。技术要求应符合《城市轨道交通工程测量规范》GB 50308的相关规定。

(1) 关于信号及线路标志牌安装位置要求

1) 纵向高度要求

隧道内或地面线路，安装在运行方向右侧（如果站内为侧式站台则安装在左侧）隧道壁墙上里程标、停车位置标距钢轨顶面2m高（标志中心至轨顶下同），坡度标、曲线及缓和曲线起终点标、进站预告标（300m、200m标）和站名标、限速及取消限速标、距离某某道岔100m标、距离某某道岔30m标、制动标、鸣笛标距钢轨顶面1.5m高；高架线路里程标安装运行方向右侧桥墩面上，客车停车位置标距铜轨顶面2m高，其他标志牌距钢轨顶面0.5～1m高。

2) 横向里程要求

正线使用标志牌：里程标安装在相应里程，客车停车位置标安装在离站台中心线半个列位减去司机室侧门中心线与车钩端部的距离（需要根据每条线列车的长度计算）或离存车线/折返线两端信号3～4m处，站名标安装在离站台尾端墙屏蔽门端门100m处，200m标安装在离站某某名标100m距离处，300m标安装在离站名标200m距离处，坡度标、曲线及缓和曲线起终点标安装在坡度、曲线半径变化处距离某某道岔100m标、距离某某道岔30m标安装在距离某某道岔100m、30m距离处，限速标安装在需限速曲线直缓点前20m，取消限速设置在曲线缓直点后80m，若两限速区段之间不足100m，则中间不设置取消限速标。

3) 信号及线路标志牌的制作和安装要求

① 百米标、坡度标、曲线及缓和曲线起终点标，进站预告标（包括300m、200m标）和站名标、限速及取消限速标设计为双面标示。标志采用E类反光膜作为标志面，满足《道路交通反光膜》GB/T1 8833—2012的规定。标志底板可采用外如封闭涂料的铜板、铝板制造图案及字样采用与反光材料相适应的油墨印刷。单面标示牌的背面使用白色油海喷漆。

② 各标志牌尺寸均未规定制造允许公差，金属材料面板厚度可选为2～7mm，标志牌所用数字、汉字写法采用仿宋体GB 2312。

③ 标志牌安装必须满足设备设施限界的要求。

3.5.2 车挡

车挡是设在线路尽头的安全装置，能够强制性地使失控列车停车，车挡安装在列车自动控制（ATC）停车保护区段外或人工驾驶停车位置标外，在设定的列车编组和速度条件下，车挡既能将运行的列车挡住，又能保证同乘人员的安全、车辆不受损坏，一般设在正线终点、安全线、停车线上。

| 图名 | 结构附属设备设计方案（一） | 图号 | GD3-5（一） |

（1）滑移式液压缓冲挡车器，挡车器主体架结构允许的最大冲击速度为15km/h，平均制动力≥500kN。车挡内不应设接头，占用的轨道长度 L 为15m。车钩中it线距轨面高度（AWO，充气，新轮）：660mm（图3.14）。

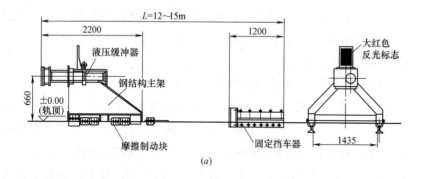

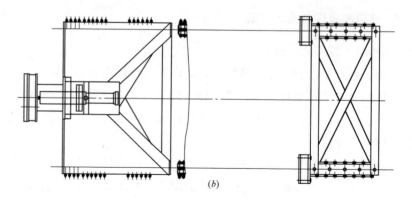

图3.14 滑移式液压缓冲挡车器

1. 图中单位以毫米计。
2. 滑移式液压缓冲挡车器适用于线路终端。

（1）车挡内不设接头，占用的轨道长度 L 为12＋5m。（2）挡车器主要技术标准：平均制动力为500kN；最大撞击速度15km/h。（3）挡车器标志应采用红色反光标志。（4）包含一套液压缓冲器，一套钢结构主架，多对制动摩擦块及一台固定式挡车器。（5）固定式车挡安装在线路尽头处，挡车器后端面距离钢轨尽头应留有300mm左右的距离。

3. 图示滑移式液压缓冲挡车器写欧股形状仅供参考，结构形状以采购挡车器为准。
4. 车挡属于安全设备，应通过权威机构的技术鉴定。

（2）试车线设置液压滑移式液压缓冲式车挡，试车线地段。车挡占用线路长度15m，允许撞击速度25km/h。

（3）洗车线、旋轮线、存车线及平板车线设液压固定式车挡，占用线路长度约为3m，允许撞击速度为5km/h。

（4）库内股道终端设月弯式车挡（MCLD型摩擦车轮挡）允许撞击速度为5km/h。

| 图名 | 结构附属设备设计方案（二） | 图号 | GD3-5（二） |

3.5.3 涂油器

正线半径不大于 400m 的曲线、半径不大于 600m 的减振轨道曲线外股钢轨内侧面安装钢轨涂油器，设置在各曲线（迎车方向）距离直缓点（或缓直点）20m 处（缓和曲线上）。钢轨涂油器每隔 400～500m 设置一台。

3.6 施工技术要求

3.6.1 一般要求

（1）工程条件和内容是依线路平纵断面图为基础的路走向、道岔、系统接口、过轨管线等均反映在设计单位出的《轨道综合设计图》中，若由于某种原因导致线路平纵断面图发生变化，应按照调线调坡后的综合设计图进行铺轨。

（2）工程施工应以正式施工图设计文件为依据，如需修改应取得设计单位及相关部门或单位的同意并签署变更设计或者洽商记录后方可实施。

（3）轨道工程所包含的钢轨、扣件、轨枕、道岔、车挡、轨道减振设备等设备和配件及钢筋、商品混凝土等材料均应符合设计要求，应有出厂合格证明文件并经检验合格后方可使用。

（4）承包商作为工程施工质量控制的主体应对轨道工程施工质量进行全过程控制。施工所用的仪器和量测器具必须检定合格。施工中应严格按施工监理细则中规定的工序控制填写各种记录资料。

（5）轨道工程施工质量的检验检测数据应真实可靠，全面反映工程质量状况，所用方法和仪器设备应符合相关标准的规定。

3.6.2 轨道减振方案

（1）综合减振降噪措施：轨道专业针对振动源、振动路径采取减振、降噪及隔振处理，可使列车在运行中产生的振动得到有效控制。采取的主要措施如下：1）采用无缝线路，消除钢轨接头，减少轮轨间冲击，起到减振作业。2）开通前轨道施工单位对轨顶进行预打磨，使轨面平顺，轮轨接触良好，减少振动和噪声。3）严格控制轨道设备如扣件、道岔等制造误差，为铺设高质量的轨道系统打下基础。4）制定并执行严格的施工技术标准，确保轨道结构品质优良。5）运营期间，对轨道进行经常性的养护维修，保持其良好状态。

（2）分级减振措施：中等减振措施采用轨道减振器扣件；高等减振措施采用隔离式减振垫浮置板、梯形轨枕减振道床；特殊减振措施采用液体阻尼钢弹簧浮置板道床。

3.6.3 施工注意事项

（1）轨道设备应严格按照供货技术要求厂家批量生产前图纸需经设计单位确认，相关的审核、确认、试验、验收等过程及文件资料应齐全有效。

（2）安装扣件应注意轨下垫板、铁垫板以及绝缘轨距块的正确装配。扣件联结螺栓应涂油弹条安装必须采用专用工具严禁敲击。

（3）道岔、减振轨道、车挡等设备的安装施工可请制造厂家人员到现场提供服务出现安装问题时应联系设计及制造厂家协助解决。

（4）地下线减振轨道道床施工施工前做好充分的技术及设备准备施工中应采取充分的技术保障措施，尤其基底浇筑前的基面彻底清理工作并在浮置板浇筑完毕后对所有可能进水及杂物的部位加以严格封堵，同时及时对这些地段的积水进行清理。

图名	施工技术要求（一）	图号	GD3-6（一）

(5) 减振轨道道床除因特殊情况需二次浇筑外道床本体须一次浇筑成型。

(6) 圆形隧道曲线地段应注意隧道中心线偏离线路中心线的正确距离。

(7) 道床施工前应检查下部结构底板的高度，若高度超出大多侵占道床空间导致轨枕下混凝土厚度不足时，应及时通知设计总体及线路、轨道等专业采取必要处理措施。

(8) 道床浇筑前应采取有效措施防止混凝土脏污扣件和钢轨件，同时应加强轨枕周围及底部的混凝土振捣。

(9) 施工过程中应注意对轨道设备以及已完工部分道床结构的保护避免脏污及损坏。

(10) 道床混凝土浇筑后应立即对轨道几何形位进行检查，发现不合格情况应在混凝土初凝前及时进行调整。

(11) 施工过程中应对现场轨道设备及已浇筑的轨道结构进行妥善管理和保护若发生损坏或丢失承包商应负责修复或更换。

(12) 全线的轨道排水要保持顺畅，尤其是轨道减振道床地段与普通道床之间的排水衔接应保证排水通畅。

(13) 轨道承包商应对全线轨道工程所采购材料的质量负全责，施工过程中，业主、监理、设计等应加强对轨道承包商采购材料的质量进行监管，严禁采购假冒伪劣产品或有知识产权纠纷的产品。

(14) 整体道床混凝土浇筑前，应认真做好隐蔽工程检查工作，尤其是通信信号、供电、给水排水、动力照明、FAS/BAS 等专业在道床（尤其是车站、道岔区、泵站范围内）上留有过管线，为避免遗漏或预埋要求发生变化，整体道床施工前，须经在专业联合隐检，并做好隐检记录后方可浇筑道床混凝土。

(15) 若遇结构变形缝，道床与水沟对应设置伸缩缝，道床伸缩缝及伸缩假缝必须位于轨枕间距正中，且不得歪斜。

(16) 杂散电流铜端子及位移观测桩、控制基标等易丢失，应在系统调试前补齐。

图名	施工技术要求（二）	图号	GD3-6（二）

4 铺轨基地建设

4.1 铺轨基地特点及功能区域

城市轨道交通建设中轨道工程是一个承上启下的关键环节，铺轨工程进度直接影响到站后机电工程的进度，进而影响全线开通运营的工期目标，而合理设置铺轨基地的数量、位置和平面布置是影响铺轨工期的重要因素。

铺轨基地的数量和位置一般在轨道施工设计或者业主总体策划时确定，在施工阶段轨道施工单位进场之后，面临的铺轨基地建设主要任务是进行合理的铺轨基地平面布置。

4.1.1 铺轨基地类型及特点

4.1.1.1 铺轨基地类型

铺轨基地可以按照是否与轨道线路直接连接分为分离式铺轨基地和非分离式铺轨基地。一般地分离式铺轨基地设置在车站所在路面，利用预先设置的轨排井吊运轨排等材料设备；非分离式铺轨基地是基地临时轨道与轨道正线或辅助线直接连接，轨排等材料设备直接在铺轨基地吊装到轨道车，轨道车通过轨道线路进行运输，非分离式铺轨基地一般设置在车辆段基地。

4.1.1.2 铺轨基地特点（图4.1）

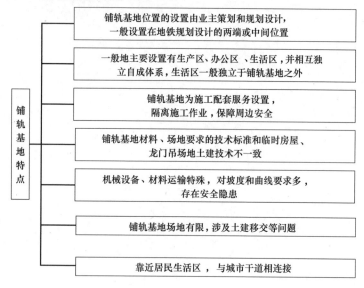

图 4.1 铺轨基地特点

| 图名 | 铺轨基地特点及功能区域（一） | 图号 | GD4-1（一）|

4.1.2 铺轨基地功能区域

铺轨基地功能区域划分图见图4.2。

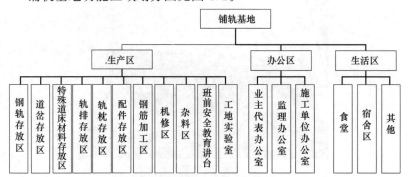

图4.2 铺轨基地功能区域划分图

4.1.2.1 生产区

生产区的建设要满足文明施工的要求：施工封闭化、围栏标准化、现场硬地化、噪声灰尘控制化等。

生产区为作业人员施工的主要场所，因此施工安全必须做好防范措施，在进门处设置"七牌一图"（图4.3、图4.4），每个牌子设置专门的指示牌。还应包括员工进场着装图、危险源公示牌、进场须知等。

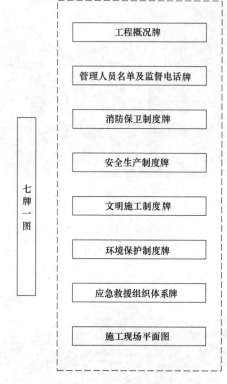

图4.3 "七牌一图"内容

| 图名 | 铺轨基地特点及功能区域（二） | 图号 | GD4-1（二） |

图 4.4 "七牌一图"现场示意图

（1）轨排存放区：包括钢轨、轨枕、扣件、扣配件等轨料，按其堆码标准进行存放，保证施工安全（图 4.5）。

图 4.5 轨排存放区

（2）钢筋加工区：一般靠近钢筋存放区，便于施工作业（图 4.6）。

图 4.6 钢筋加工区及存放区

（3）机修区：用于设备的焊接加工、维修保养等，通常配备调直机、砂轮机、切割机等设备。

（4）杂料区：用于存放除了轨料以外的其他材料，如：土工布、彩条布、漏电保护器、十字开关等材料储备区。

| 图名 | 铺轨基地特点及功能区域（三） | 图号 | GD4-1（三） |

（5）工地试验室：进行试验检测工作的独立性场所。存放混凝土试块时，可采用标养机械设备养护，或采用标养池（图4.7）。

图4.7 工地实验室标养箱存放混凝土试块

4.1.2.2 办公区

（1）业主代表办公室

业主代表办公室选择条件方便，环境较好的房间，房间内住宿与办公一体化。用于业主代表平时办公，指导监督建设过程，预控督促，进行工程各个阶段的验收，日常使用的办公室。

（2）监理办公室

监理办公室选择条件方便，环境较好的房间，房间内住宿与办公一体化。监理工程师，开展现场监理工作，复核或从施工现场直接获取工程计量数据，对承包单位的工艺过程或施工工序进行检查和记录等工作，日常使用办公室。

（3）施工单位办公室

办公片区是员工办公区域，根据铺轨基地进驻人员进行部门设置，办公区需要满足如下条件，临近街道，车辆进出方便，停车场规模设置不影响生产生活。保持干净整洁，噪音以及灰尘控制要合格等。施工单位办公室包括员工办公区域、会议室、资料室、综合办公室（图4.8、图4.9）。

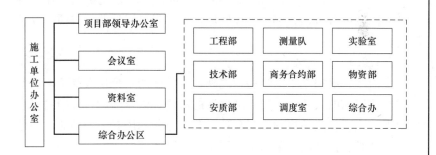

图4.8 施工单位办公室组成

图4.9 工地办公室

| 图名 | 铺轨基地特点及功能区域（四） | 图号 | GD4-1（四） |

1) 项目部领导办公室：项目领导班子成员日常办公和集中交流、决策、讨论的办公室。

2) 会议室：会议室布置一般在办公区最底层，会议室的规模要根据管理人员人数决定，一般规模为 30~50m²。

3) 资料室：一般布置于综合办公室旁边，注明资料内容，分类分柜存放。

4) 综合办公区：每个部门尽量靠拢布置，以方便协调工作。综合办公区域一般包括各部门工作区域，各部门协同作业，方便相互及时沟通。

4.1.2.3 生活区

生活区一般独立于铺轨基地之外，生活区的划分比较复杂，需要考虑基地容纳的人数，人员活动生活的需要，以及活动过程中的安全等因素。生活片区的规划应当合理，并且充分利用有限的场地，一般主要由食堂、宿舍区、茶水室、厕所、洗漱间等。

食堂：食堂面积及餐桌布置要根据人数及每日用餐人数确定，位置尽量靠近员工住宿区，内部要保持干净整洁并定期消毒。

宿舍区：宿舍区一般布置于铺轨基地以外的区域，为了保证人员休息质量和安全，住宿区的选择应尽量聚集，方便取水，取电和管理等，宿舍可采用板房，可租赁铺轨基地附近房屋。

茶水室：用于员工日常娱乐的区域，配备吸烟区和娱乐设施，保证员工身体及心理健康。

厕所及洗漱间：厕所与洗漱间的设置需要考虑污水排放和取水，取电的安全等因素。厕所选取在方便，快捷的地方。

4.2 铺轨基地平面布置

4.2.1 铺轨基地布置流程

铺轨基地布置流程图见图 4.10。

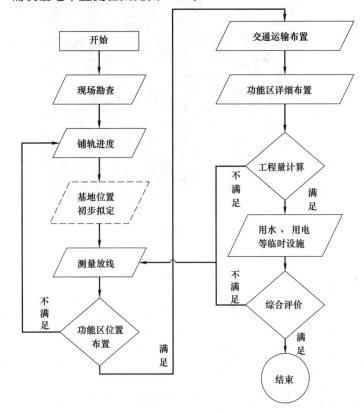

图 4.10 铺轨基地布置流程图

| 图名 | 铺轨基地平面布置（一） | 图号 | GD4-2（一） |

4.2.2 平面布置主要原则

铺轨基地平面布置主要原则（图4.11）。

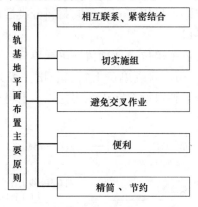

图4.11 铺轨基地平面布置主要原则

（1）铺轨基地各部分功能分区相互联系，紧密结合，在满足其施工使用条件的前提下，保证相互联系的功能分区尽量布置在同一区域。布置应紧密，提高铺轨基地有限平面的相互联系和紧密结合利用率。

（2）减少二次搬用等重复施工作业；方便运输，减少货车、料车的进出路径距离，缩短停留时间。

（3）结合大龙门和吊车的使用情况，减少两者交叉作业，避免各个工序流程之间的相互干扰。

（4）在符合使用条件的情况下，铺轨基地应在满足一切要求同时保持精简，避免作业环境复杂和重复用地，节约成本。

4.2.3 铺轨基地平面设计

在基地平面设计中最重要的问题就是对基地各功能区规模计算，在对各功能区规模进行理论最小值计算后，应结合作业流程、装卸机械、材料类型等，确定功能区规模和位置。

4.2.3.1 存放区规模设计

以某地铁铺轨基地为例，该铺轨基地负责车站6座，正线单线长12.46km，辅助线单线长0.749km，60kg/m-9号单开道岔10组。

根据轨道工程施工的进度要求，铺轨基地每天生产轨排0.2km，由于铺轨作业的特点为"短平快"，材料供应集中存放，考虑进度和场地的综合情况钢轨、扣件等材料按10天时间进行储存，所以该铺轨基地的材料存放能力设计按照：存放钢轨4km；存放轨枕1km；存放扣件1.5km；存放轨排0.3km；存放道岔、岔枕2组。

根据某铺轨基地计储备天数10天，日铺轨0.25km，每公里铺轨使用轨枕1600根，材料进场不均匀系数1.0，货位排数12排，单位面积堆放枕木6根，将上述数据带入下式，可得轨枕存放区面积52.5m²。

$$A_{存} = \frac{\alpha DQL}{nP}$$

式中 $A_{存}$——存放面积，m²；
    Q——日铺轨计划，km；
    α——材料进场不均匀系数；
    D——计划储备天数；
    n——货位排数；
    L——每铺轨公里货物数；
    P——单位面积堆货量。

4.2.3.2 生产区规模设计

根据某铺轨基地计储备天数 10 天，日铺轨 0.25km，考虑多班组作业，单位生产线能力 0.25，单位生产线长度 30m，单位生产线宽度 5m，将上述数据带入下式，可得生产区面积 150m²。

$$A_{生}=\frac{QL}{nb}$$

式中 $A_{生}$——生产区面积，m²；
  Q——日铺轨计划，km；
  n——单位生产线能力；
  L——单位生产线长度；
  b——单位生产线宽度。

4.2.3.3 功能区位置设计

（1）场地

铺轨基地整体应保持宽阔，具体大小根据铺轨线路综合情况考虑，门口位置设置在道路附近，便于运输材料、卸车。净高不宜小于 15m，保证吊车及大龙门吊的正常作业。

（2）存放生产区

轨排存放区，轨排存放地点，长度、宽度应至少大于轨排结构的长宽度。避免磕碰；轨排加工生产区，轨排存放长度、宽度应大于 25m，且应满足人员作业要求，便于作业人员安装扣配件。拼装区范围大小至少为 26m×3m。

（3）材料堆码区域

轨道工程施工设计材料众多，且具有特殊性，应根据每种材料的要求和特点进行堆码，堆码整齐，不同材料分类摆放。

（4）轨排下料口

下料口一般由业主单位设计预留。单线单口、双线双口每个下料口尺寸宜为 5m×30m，双线单口下料口长度一般为 30m，宽度与线间距有关。若轨排下料口设置在正线明挖段，下料口可以和隧道同长度（图 4.12）。

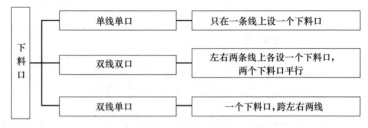

图 4.12 下料口分类

（5）仓库

一般仓库用于存放杂料，面积为 10～15m²。仓库面积根据存放物品的具体情况设计，可适当增加仓库面积，作常规备料用途。

（6）办公室

铺轨基地办公室可设置在出入口处，便于人员进出，技术交底和交班会工作开展，与监理办公室、门卫室布置在同一位置，节约空间。

| 图名 | 铺轨基地平面布置（三） | 图号 | GD4-2（三） |

(7) 用水

通常包括生产用水、生活用水和消防用水 3 部分。基地生产用水量一般很小，在满足消防用水和生活用水的基础上可不进行计算，直接根据经验确定。消防用水管存放在材料等易燃易爆品的附近，保证易燃易爆物品的安全性，消防柜设置见图 4.13。

图 4.13 消防柜设置

4.3 铺轨基地建设

(1) 铺轨基地建设工艺施工流程（图 4.14）

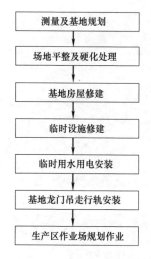

图 4.14 铺轨基地建设工艺流程施工图

| 图名 | 铺轨基地建设（一） | 图号 | GD4-3（一） |

（2）现场施工图（图4.15）

(a) 场地整平及硬化处理

(c) 轨道车进场

(b) 基地房屋建设

(d) 现场图（一）

(e) 现场图（二）

| 图名 | 铺轨基地建设（二） | 图号 | GD4-3（二） |

(3) 工艺控制要点

铺轨基地做到布局合理、场地平整，机械设施安装稳固，材料堆放整齐，现场道路平整，坚实畅通；漏电保护器符合防火、防雷电、防洪等安全规定要求。施工现场设醒目的安全标语和安全警示标志。

(1) 场地硬化

对平整后的场地进行测量；根据测量结果计算硬化场地需要的混凝土工程量；场地硬化时每隔10m设置伸缩缝。指派专人负责商品混凝土搅拌、运输的过程质量监控，并要求搅拌站按照一般混凝土进行性能试验外，还必须进行抗冻融性、抗碱骨料反应等检验，混凝土路面验收内容见表4.1。

场地排水按照整体排水设计要求，进行坡度排水处理。

混凝土路面验收内容　　表4.1

验收项目		质量标准和允许误差	检验要求		检验方法
			范围	点数	
纵缝顺直度		15mm	100m缝长	1	拉20m小线量取最大值
横缝顺直度		10mm	20条缩缝	2	沿板宽拉线量取最大值
板边垂直度		±5mm，胀缝板边垂直度无误差	100m	2	沿板边垂直拉线量取最大值
平整度	路面宽小于9m	5mm	50m	1	用3m直尺连续量3次，取最大3点平均值
	路面宽9～15m	5mm	50m	2	
	路面宽大于15m	5mm	50m	3	

(f) 铺轨基地投入使用

(g) 铺轨基地启用仪式

图4.15 铺轨基地建设现场施工图

| 图名 | 铺轨基地建设（三） | 图号 | GD4-3（三） |

续表

验收项目		质量标准和允许误差	检验要求		检验方法
			范围	点数	
相邻板高差		±3mm	每条胀缝	2	用尺量
			20条横缝抽量2条	2	
纵坡高程		±10mm	20m	1	用水准仪测量
横坡	路面宽小于9m	±0.25‰	100m	3	用水准仪测量
	路面宽9～15m	±0.25‰	100m	5	
	路面宽大于15m	±0.25‰	100m	7	
板厚度		±10mm	100m	2	用尺量或现场钻孔
板宽度		±20mm	100m	2	用尺量
板长度		±20mm	100m	2	用尺量两缩缝间板长

（2）临时用电设施施工质量要求（图4.16）

1）外电防护

小于安全距离时应有安全防护措施。

2）接地与接零保护系统

应采用TN-S系统供电；重复、保护接地符合要求；各种电气设备和施工机械的金属外壳、金属支架和底座必须按规定采取可靠的接地保护。

3）三级配电

配电室的设置应符合要求；现场实行三级配电，总配电箱的电器应具备电源隔离，分配电箱应设总开关和分开关。

4）漏电保护器

须实行两级漏电保护；严格实行"一机、一闸、一漏、一箱"；漏电保护装置应灵敏、有效，参数应匹配。

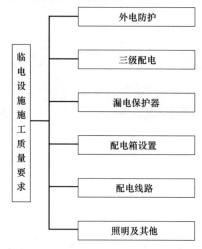

图4.16 临时设施施工质量要求

5）配电箱设置

配电箱安装位置应符合要求，箱体应采用铁板或优质绝缘材料制作，不得使用木质材料制作，箱体应牢固、防雨；箱内接线应采用绝缘导线，接头不得松动，不得有带电体明露；箱内应设有线路图。

6）配电线路

电缆架设或埋设符合规定要求；须使用五芯线电缆，电缆完好、无老化、破皮现象。

7）照明及其他

照明灯具金属外壳须作保护接零；行灯和低压灯的变压器应装设在配电箱内，符合户外电气安装要求；交流电焊机须装设专用防触电保护装置、电焊机线应双线到位、电缆线应绝缘无破损。

(3) 铺轨基地起重设备安装质量要求

1) 轨道铺设要求：跨度允许偏差为±5mm，同一截面上轨道标高偏差小于7mm；轨道纵向坡度小于2‰，接头间隙小于4mm，4个安装点的标高差不大于5mm；

2) 轨道接头的高低差 $d \leqslant 1mm$，侧向错位 $f \leqslant 1mm$，接头间隙 $e \leqslant 2mm$；

3) 司机室应有良好的视野，司机室内部净空高度不小于2m，低度面积不小于$2m^2$，并配有空调和对讲机。

4) 在安装过程中，需要将各转动部分润滑油更换，并保证润滑良好；

5) 电气保护装置齐全、灵敏可靠，线路绝缘不低于$0.8M\Omega$；

6) 螺栓穿装方向与设计一致，并尽可能考虑拆卸时方便。螺栓紧固力矩符合图纸要求；

7) 走行轨基础采用C30混凝土，设计为截面尺寸：宽400mm，高度由30mm渐变到900mm；混凝土抹面要求上表面平整度不大于2mm，四周表面平整度不大于3mm；

8) 浇筑后的混凝土应确保在受冻前其抗压强度达到5MPa，模板和保温层在混凝土达到要求强度并冷却到5℃后方可拆除，基础混凝土强度达到6.8MPa后方可承重。

4.4 龙门吊安装施工

(1) 龙门吊安装施工工艺流程（图4.17）

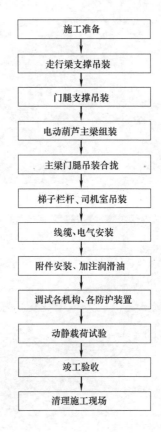

图4.17 龙门吊安装施工工艺流程图

| 图名 | 龙门吊安装施工（一） | 图号 | GD4-4（一） |

（2）现场施工图（图4.18）

(a) 龙门吊走行轨基础施工

(b) 大龙门吊走行轨安装

(c) 大龙门吊运输及安装

图4.18 龙门吊安装现场施工图

（3）工艺控制要点

1）走行轨安装技术标准

① 轨道上位：用起重机械分别将调直的轨道吊装到承轨梁上，吊放在所需位置，把轨道底面用20mm左右厚度的木板垫起来，以便放置钢垫板和防振垫片。

② 轨道找正、定位、紧固：将安装轨道用的一切材料及工具如螺栓组、轨道压板等运到承轨梁上，并组对好，以便安装。钢垫板和防振垫板垫好后，将轨道下的木板抽出，然后用鱼尾板将轨道连成一体，其轨道接头间隙不应大于8mm，两侧轨道接头错开，且错开距离不得等于轮距，接头左、右、上三面偏移均应小于1mm，根据中心

| 图名 | 龙门吊安装施工（二） | 图号 | GD4-4（二） |

线大体找成一条直线,用轨道压板等把轨道初步固定,最后进行全面找正,符合要求后把螺栓全部紧固。

③ 在轨道总长度内,侧向极限偏差为±10mm;轨道顶面相对于理论高度的极限偏差为±10mm;两根轨道的高度差最大±10mm;轨道中心与承轨梁中心之间的偏差不得超过承轨梁腹板厚度的一半。

④ 轨距测量:使用弹簧秤对钢卷尺施以150N拉力测量轨距,且每根轨道至少测量3点。轨道跨度极限偏差值L3S应符合:S≤10m,$\Delta S=\pm 3mm$;$S>10m$,$\Delta S=[3+0.25(S-10)]$(mm),且最大值不超过±15mm。

⑤ 轨道要可靠接地,其接地电阻小于4Ω。

2) 龙门吊基础:

① 玉洞铺轨基地龙门吊基础采用钢筋混凝土结构硬化。

② 两侧龙门吊基础面相对高程一致,满足龙门吊行驶要求。龙门吊走行线采用50kg/m钢轨(152mm)+轨下胶垫10mm+铁垫板10mm+板下胶垫10mm=182mm。

③ 龙门吊基础施工前复测组布置框架点位。

④ 钢轨下铁垫板采用直径30mm膨胀螺栓固定在混凝土中,铁垫板间距60cm。钢轨通过在铁垫板上焊接的楔形钢板进行固定,确保轨道稳定。

⑤ 龙门吊走行轨基础钢筋设置根据各铺轨基地现场实际情况拟定,以玉洞铺轨基地为例:从截面尺寸高度0.3m到高度0.61m间底层配筋3根φ14的钢筋。

图4.19~图4.22为现场施工图。

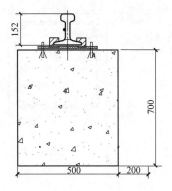

图4.19 50kg/m钢轨龙门吊基础平面图

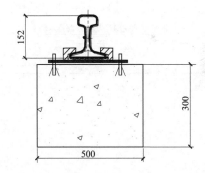

图4.20 50kg/m钢轨龙门吊基础平面图

| 图名 | 龙门吊安装施工(三) | 图号 | GD4-4(三) |

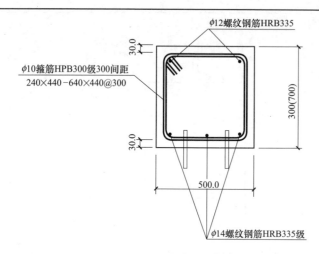

图 4.21 50kg/m 钢轨龙门吊基础配筋图

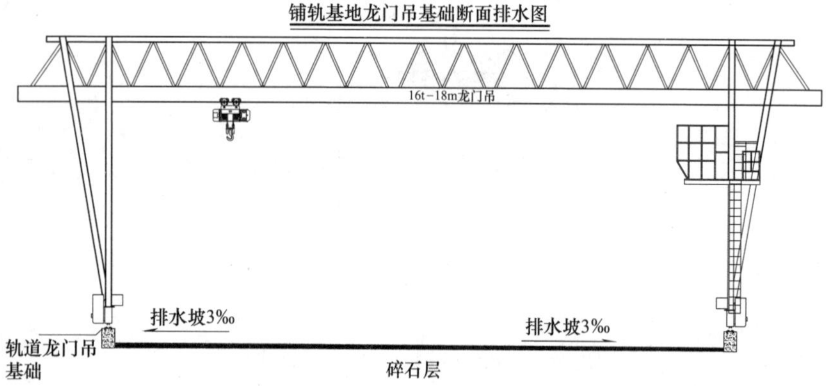

图 4.22 龙门吊基础排水图

4.5 实例分析

以某铺轨基地为例，该铺轨基地负责正线单线长 12.46km，辅助线单线长 0.749km，60kg/m-9 号单开道岔 10 组。正线、辅助线均采用钢筋混凝土整体道床，根据减震要求不同，分别采用普通长轨枕 ZX-3 型扣件整体道床、普通长轨枕压缩型减振扣件整体道床、梯形轨枕 ZX-3 型扣件整体道床。正线线路为无缝线路，辅助线线路为有缝线路。

4.5.1 铺轨基地简介

铺轨基地占地约 2556m²，龙门吊走行轨长 140m，跨度 16m，基地的生产区内设轨料存放区及轨排拼装存放区、和生产房屋区（包括料库、机械加工区、危险品存放区、配电房、钢筋加工及存放区）等区域，以满足铺轨生产的任务需要。基地内配置 2 台 16t、跨度 16m 箱型龙门吊，以满足基地内设备吊装、轨料装卸、轨排拼装及下料装车等施工需要；场内配置一台 120kW 发电机组，以备停电应急时使用；配备相关的生活、消防、治安保卫等设施，以满足现场管理和服务之需。根据安全和环保需要在铺轨基地大门处设置警卫，对材料存放场地进行地面硬化。根据现场实际情况确定，新建活动房及生产区周围设置围挡。

铺轨基地一次存储能力为：25m 标准轨 4km，扣配件 1.5km，预应力长枕 1km，25m 轨排 300m。

基地生产能力为：轨排 250m/天，道床钢筋加工 200m/天。

| 图名 | 实例分析（一） | 图号 | GD4-5（一） |

4.5.2 各功能区介绍及平面布置

根据铺轨基地场地狭小，涉及土建移交场地的场地特点，铺轨基地规划如下：

(1) 铺轨生产能力：钢轨存放：3.4km（272/根）15天/进料）；轨枕存放：0.75km（1194/根）3天/进料）；钢筋加工：0.2km/天；轨排生产：200m/天。

(2) 轨排存放区：25m×3m，单层存放1排，轨排存放6层，单排轨排重量13344.8kg，存放面积52.5m²，荷载为1.777t/m²。

(3) 轨枕存放区30m×2.5m；单层存放142根，轨枕存放6层，单根重量221kg，存放面积120m²，荷载为1.83/m²。

(4) 钢轨存放区25m×3m，单层存放18根，钢轨存放4层，单根重量1520kg，存放面积63m²，荷载为1.737t/m²。

(5) 成品钢筋存放区12.5m×3m，存放面积37.5m²，顶板设计最大荷载为2t/m²。

(6) 轨排井：7m×41m。

(7) 其他：材料堆放区5m×30m；扣件存放区5m×25m；钢筋加工棚15m×9m；垃圾池8m×15m，木工加工区及梯形轨枕泡沫板粘贴区8m×18m；工具室、材料室、实验室、工具室、应急物资库、配电室均为6m×7m。

图4.23为玉洞铺轨基地规划布置图。

图名	实例分析（二）	图号	GD4-5（二）

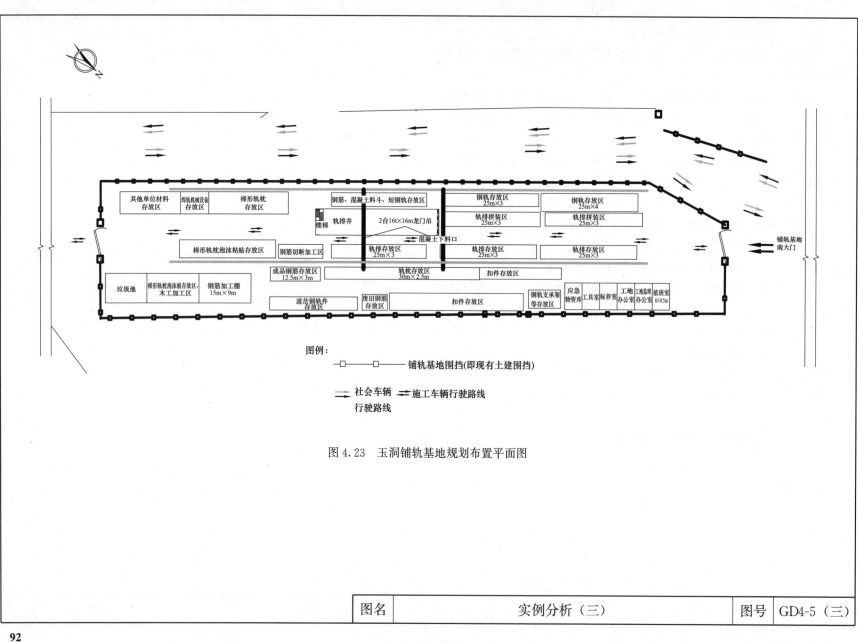

图 4.23 玉洞铺轨基地规划布置平面图

| 图名 | 实例分析（三） | 图号 | GD4-5（三） |

5 主要施工工艺

5.1 整体道床、道岔施工

5.1.1 一般整体道床施工
一般整体道床施工如图 5.1～图 5.3。

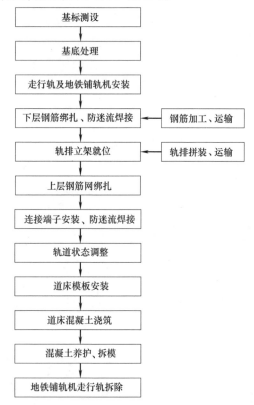

图 5.1 一般整体道床"轨排法"施工工艺流程图

图 5.2 车站一般整体道床

图 5.3 盾构区间一般整体道床

| 图名 | 一般整体道床施工工艺流程 | 图号 | GD5-1 |

5.1.1.1 基标测设
(1) 基标测设施工艺流程（图5.4）

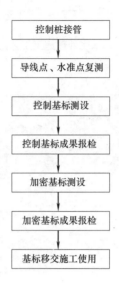

图5.4 基标测设施工工艺流程

(2) 现场施工图（图5.5）

(a) 车站控制基标测量　　　(b) 区间控制基标测量

(c) 测量人员使用全站仪　　　(d) 校核桩点

图5.5 基标测设现场施工图

| 图名 | 基标测设 | 图号 | GD5-2 |

(3) 工艺控制要点

1) 控制基标的测设

① 以沿线布设好的控制网点测设曲线五大桩、岔位桩、百米桩等线路中线或者道床两侧的控制基标。直线段宜每120m设置一个，曲线60m及曲线起止点、缓圆点、圆缓点、道岔起止点、岔心点、变坡点及竖曲线起止点各设一个控制基标。线路控制基标应稳固，长期保存。两控制基标之间距离较近时，首先满足曲线要素桩后可适当减少。道岔控制基标一般设置在直股和曲股钢轨两侧。

② 使用不低于Ⅱ级（$1''$，$2+2ppm$）全站仪进行测量。直线段夹角与180°较差应小于$8''$，实测距离与设计距离较差应小于10mm，曲线段控制基标间夹角与设计值较差计算出的线路横向偏差小于2mm，弦长测量值与设计值较差应小于5mm。两控制基标间距离测量相对误差在直线段为1/5000，曲线段为1/10000。高程测量按三等水准测量技术要求作业，水准仪精度指标不低于DS1级（±1.0mm/km），高程实测值与设计值较差小于2mm。

2) 加密基标的测设

① 业主测量队复核轨道线路控制基标，确认测量误差在允许范围之内后，进行监理报验，合格后进行加密基标的测设。加密基标设置一般在直线采用5m加密基标设置，曲线段均采用5m加密基标设置。

② 在控制基标的基础上采用坐标法和水准测量方法进行加密。相邻基标间纵向测量误差小于±5mm，曲线段小于2mm；横向误差（方向误差），相对于两控制基标的横向偏差一般为±2mm。高程测量误差，相邻两基标间实测高差与设计高差较差不大于1mm，每个加密基标高程实测值与设计值较差不大于2mm。采用三等水准测量，按照$\pm 12\sqrt{L}$计算闭合差。

5.1.1.2 基底处理

(1) 基底处理施工工艺流程（图5.6）

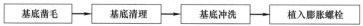

图5.6 基底处理施工工艺流程图

(2) 现场施工图（图5.7）

(a) 基底凿毛　　　　　(b) 车站基底清理

| 图名 | 基底处理 | 图号 | GD5-3 |

(c) 区间基底清理

(d) 植入膨胀螺栓

图 5.7 一般整体道床基底处理现场施工图

（3）工艺控制要点

1）基底清理：圆形隧道严禁凿毛处理，在轨道架设之前，彻底清除基底面上的浮浆、污物、脏水。

2）基底凿毛：

凿毛必须严格控制密度、深度及范围，50mm×50mm，深度6mm以上，矩形隧道和马蹄形隧道道床宽度范围内的基底进行凿毛处理均需凿毛。（凿毛深度不小于5mm，以露出铺底混凝土内石子为宜）。

凿毛完成后垃圾应集中装袋清理，底板淤泥必须清理干净，保证轨行区范围无垃圾无淤泥。

3）基底冲洗：清理垃圾及淤泥后应用高压水枪对底板进行湿润，保证底板无积水，无浮浆和污物。

4）植入膨胀螺栓：矩形、马蹄形隧道整体道床，基底与道床应用，例如某地铁 2 号线采用 YG2 型 M16×245 膨胀螺栓，锚入深度 110mm，每 1.25m 设置 6 个，植入结构内的膨胀螺栓不得破坏该结构内的主筋，且露出结构底板部分应避开道床内钢筋，保证与结构钢筋电气绝缘。

5.1.1.3 铺设地铁铺轨机走行轨

（1）铺设走行轨施工工艺流程（图 5.8）

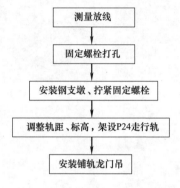

图 5.8 铺设走行轨施工工艺流程

| 图名 | 铺设地铁铺轨机走行轨（一） | 图号 | GD5-4（一） |

（2）现场施工图（图 5.9）

(a) 调整轨距　　(b) 植膨胀螺栓
(c) 安装钢支墩　　(d) 安装走行轨
(e) 紧固螺栓　　(f) 拆除、倒运走行轨
(g) 切除膨胀螺栓　　(h) 修补螺栓孔

图 5.9　一般整体道床铺设走行轨现场施工图

| 图名 | 铺设地铁铺轨机走行轨（二） | 图号 | GD5-4（二） |

(3) 工艺控制要点

1）调整轨距：根据测量放线的详细数据，对钢支墩、走行轨进行延伸，根据地铁铺轨机跨度，对轨距、钢支墩位置进行调整。

2）植入膨胀螺栓：支墩安装位置确认后用电钻钻眼时，钻头应垂直于盾构管壁，严禁钻头偏斜造成盾构管片破损；严禁钢支墩安装在盾构管片接缝处，在盾构管片接缝处植入膨胀螺栓，破坏土建防水、止水设施。

3）安装钢支墩：将钢支墩上的调高螺栓拧紧，插入固定销子，钢支墩安装时，在走行轨接头位置处需在接缝两侧分别安装钢支墩，走行轨钢轨头距最近的钢支墩间距离不得大于200mm，钢支墩应安装4个膨胀螺栓进行固定，遇手孔位置需调整加密一处钢支墩保证走行轨的牢固。

4）安装走行轨：安装钢支墩后，采用人工搬运，将走形轨放置到指定位置，使用水平尺，调整轨道水平高度。

5）紧固螺栓：膨胀螺栓、扣板螺栓等均要紧固到位，严禁出现松动；接头夹板螺栓上齐扣紧，保证牢固。

6）拆除：道床施工完毕后，铺轨小吊需倒运到下一区段施工，需拆除钢支墩，支墩固定的膨胀螺栓应拆除。拆除时请勿强拔强拉，膨胀螺栓不易拔出的采用角磨机切除，以减少对盾构管片的损坏。

具体控制措施：如螺栓位置距离管片接缝处小于10cm时，则采用角磨机将凸出盾构管片部位切除，避免因拔出螺栓造成盾构管破损、破裂；如螺栓位置距离管片接缝处大于10cm时，则采用"羊角"扳手将膨胀螺栓取出。

7）螺栓拔出：施工时应注意使扳手按管片弧度紧贴，避免在拔出过程中因使用不当，造成盾构管片破坏。待膨胀螺栓拔出后，使用打气筒将孔内灰渣清除后，加水润湿。使用同强度等级混凝土快速修补材料将孔内填平并收光，修补位置应与周边管片平顺。

5.1.1.4 轨排拼装

(1) 轨排拼装施工工艺流程（图5.10）

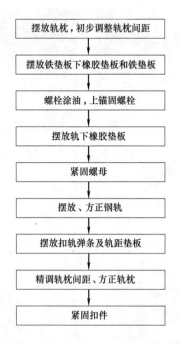

图5.10 轨排拼装施工工艺流程图

| 图名 | 轨排拼装（一） | 图号 | GD5-5（一） |

（2）现场施工图（图5.11）

(a) 摆放轨枕

(b) 摆放铁垫板下橡胶垫板及铁垫板

(c) 上锚固螺栓

(d) 摆放轨下橡胶垫板

(e) 初步调整轨枕间距

(f) 紧固螺母

(g) 摆放、方正钢轨

(h) 精调轨枕间距、方正轨枕

| 图名 | 轨排拼装（二） | 图号 | GD5-5（二） |

(i) 安装弹条及轨距垫板　　(j) 轨排存放

图 5.11 一般整体道床轨排拼装现场施工图

（3）工艺控制要点

1）轨排拼装：拼装时，轨枕与钢轨中线垂直，内外股轨枕按法线对齐。轨排组装后组织验收，注意检查轨距、轨枕位置及间距、扣件与轨枕是否密贴等。

2）紧固扣件：螺栓使用扭力扳手测试扭矩力，应达到：100～150N·m

3）安装后弹条应满足：弹条安装就位时，Ⅲ型弹条以尾部小圆弧内侧与铁座端部边缘相距 8～10mm 为准，单个弹条扣压力不小于 11kN。

4）轨排存放：轨排组装完成后用龙门吊机吊运到指定地点堆放或装车，并按铺设顺序注明轨节编号。轨排装车时，最多装三层，先铺的装在上面，后铺的装在下面。

5）安全文明施工：吊运钢轨和枕木途中，下方严禁站人；龙门吊操作手与轨排拼装人员对讲机联系，实时沟通；安装紧固弹条过程中，前方严禁站人。

5.1.1.5　轨排运输及铺设

（1）轨排运输及铺设施工工艺流程（图 5.12）

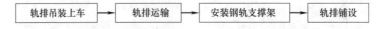

图 5.12　轨排运输及铺设施工工艺流程图

（2）现场施工图（图 5.13）

(a) 轨排吊装　　(b) 轨排轨道车运输

| 图名 | 轨排运输及铺设 | 图号 | GD5-6 |

(c) 地铁铺轨机运输

(d) 轨排铺设

图 5.13 一般整体道床轨排运输及铺设现场施工图

（3）工艺控制要点

1）轨排吊装：使用夹轨钳，吊点正确，轨排上部严禁放置任何物品。

2）轨排运输：轨排放置在轨道平板车上严禁超出限界。

3）轨排铺设：轨排运输到作业面吊铺下落，轨道调整支架的螺旋支腿定位轨道高度控制在 500mm 以内，使用钢轨临时接头连接器将短轨节逐根连接。

4）在铺设轨时，每间隔四根轨枕安装一根轨排支撑架连接左右股钢轨，结合丝杠精调轨道平面、纵横断面并固定轨道位置。斜撑和轨距拉杆辅助固定轨道位置。

5.1.1.6 道床钢筋网安装

（1）道床钢筋网安装工艺流程（图 5.14）

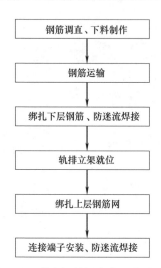

图 5.14 道床钢筋网安装工艺流程图

（2）现场施工图（图 5.15）

(a) 绑扎钢筋网

(b) 防迷流焊接

图 5.15 一般整体道床道床钢筋网安装现场施工图

| 图名 | 道床钢筋网安装 | 图号 | GD5-7 |

(3) 工艺控制要点

1) 钢筋加工：

① 为了保证钢筋与混凝土之间的握裹力，在钢筋使用前，应将其表面的油渍、漆污、铁锈等清除干净。当钢筋需要调直时，调直后的钢筋表面不应有削弱钢筋截面的伤痕。

② 钢筋下料时必须按照设计下料长度切断，钢筋下料长度必须准确。

③ 钢筋下料后，应按照设备特点及钢筋直径和弯曲角度进行划线，以便弯曲成设计所要求的尺寸。

④ 钢筋下料后，形状尺寸必须符合设计要求，平面上没有翘曲、不平现象。

⑤ 受拉带肋钢筋的末端应采用直角形弯钩，弯钩的内侧半径不得小于 $3.5d$，钩端应留有不小于 $5d$ 的直线段（d 为钢筋直径）。

⑥ 用光圆钢筋制成的箍筋，其末端应有弯钩（半圆形、直角形或斜弯钩）。弯钩的弯曲内直径应大于受力钢筋直径，且不应小于箍筋直径的 2.5 倍。对一般结构，箍筋弯钩的弯折角度不应小于 90°，弯钩平直部分的长度不宜小于箍筋直径的 5 倍。

⑦ 钢筋宜在常温状态下加工，不宜加热。弯制钢筋宜从中部开始，逐步弯向两端，应一次弯成。

2) 钢筋绑扎：钢筋绑扎一般采用 20～22 号铁丝，要求绑扎准确、牢固，钢筋搭接长度不小于 40 倍钢筋直径且不得小于 300mm。

3) 杂散电流防护：

① 沿整体道床纵向每隔 5m 用一根横向钢筋与所有的纵向钢筋焊接，并使上、下层钢筋连通，短于 10m 的整体道床在中部用一根横向钢筋与所有的收集网纵向钢筋焊接。

② 在垂直轨道正下方选择两根纵向钢筋与所有横向钢筋焊接；钢筋如有搭接，必须进行搭接焊，双面焊焊接长度不小于钢筋直径的 6 倍，单面焊焊接长度不小于钢筋直径的 12 倍。

③ 闪光焊钢筋表面不得有明显的烧伤或裂纹；焊接质量应符合设计及相关规范要求。

5.1.1.7 轨道状态调整

(1) 轨道状态调整施工工艺流程（图 5.16）

图 5.16 轨道状态调整施工工艺流程图

(2) 现场施工图（图 5.17）

(a) 标高方向　　　　(b) 轨距、水平

| 图名 | 道床状态调整 | 图号 | GD5-8 |

(c) 正矢　　　　　　　　(d) 大平

图 5.17 一般整体道床轨道状态调整现场施工图

(3) 工艺控制要点

1) 轨道几何尺寸：

① 轨道中心线：距基标中心线允许偏差为 ±2mm。

② 轨道方向：直线段用 10m 弦量，允许偏差为 1mm。曲线段用 20m 弦量正矢，允许偏差应符合轨道曲线正矢调整允许偏差。

③ 轨顶水平及高程：高程允许偏差为 ±1mm，左右股钢轨顶面水平允许偏差为 1mm，在延长 18m 的距离范围内应无大于 1mm 三角坑。

④ 轨顶高低差：用 10m 弦量不应大于 1mm。

⑤ 轨距：允许偏差为 −1～+2mm，变化率不应大于 1‰。

⑥ 轨底坡：按 1/40 设置。

⑦ 轨缝：允许偏差为 0～+1mm。

⑧ 钢轨接头：轨面、轨头内侧应平（直）顺，允许偏差为 0.5mm。

2) 钢轨两股接头：轨道的两股钢轨应采用相对式接头，直线段允许相错量为 20mm；曲线段允许相错量为规定缩短量之半加 15mm；辅助线曲线半径不大于 200m 的曲线地段钢轨接头应采用错接，错接距离不应小于 3m。

3) 轨道几何尺寸精调步骤：对照铺轨基标利用螺旋支腿粗调轨道几何位置。确认轨道标高、轨距、水平、方向不超过 ±5mm 后，结合使用钢支顶再进行轨道几何位置精调。精调前首先按不大于 0.5mm 精度误差调整道尺，借助于直角道尺调整轨道基本股，再用道尺调整另一股轨道标高和设置曲线超高；用 10m 弦线调整轨道方向和正矢；轨道调整完后，确认轨道中线、标高、轨距、超高、正矢等符合设计要求后，灌注道床混凝土。

5.1.1.8 模板安装及混凝土浇筑

(1) 整体道床模板安装及混凝土施工工艺流程（图 5.18）

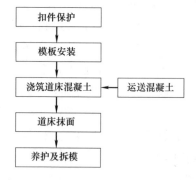

图 5.18 整体道床模板安装及混凝土施工工艺流程图

| 图名 | 整体道床模板安装及混凝土浇筑（一） | 图号 | GD5-9（一） |

（2）现场施工图（图5.19）

(a) 扣配件保护

(b) 扣件保护

(c) 模板安装

(d) 道床混凝土浇筑

(e) 道床抹面

(f) 道床养护

图 5.19 一般整体道床模板安装及混凝土浇筑现场施工图

（3）工艺控制要点

1）施工准备：浇筑混凝土之前，对扣件进行套袋处理，对钢轨铺盖塑料膜，防止浇筑混凝土过程中，对扣件钢轨进行污染。同时通知试验人员准备好混凝土进场的检查仪器并通知混凝土搅拌站开始供给。

2）模板安装：水沟模板安装位置偏差不大于±5mm，垂直度2mm，宽度允许偏差为±5mm，表面不平整度不大于2mm（1m靠尺检查），高程允许偏差±5mm。模板支立时，须清除模板上的杂物，对于严重变形、挠曲的模板禁止使用；模板支立应牢固平整，应保证其在线路方向上平顺，接头处须平整，在模板接缝处用塑料胶带粘贴，底部有缝隙者，用水泥砂浆堵塞严密；立模前，须对模板内侧均匀涂抹脱模剂或废机油。浇筑时，水沟模板支架应稳定，无松动、跑模、下沉、上浮等现象，若出现立即进行加固处理。

| 图名 | 整体道床模板安装及混凝土浇筑（二） | 图号 | GD5-9（二） |

3）混凝土运输：针对各现场实际情况，地下线整体道床混凝土浇筑分为两种形式。一是商品混凝土经泵车由混凝土搅拌站运输至施工作业现场，经过泵车采用泵管输送方式至作业施工面直接浇筑，一般适用于洞口附近、车站范围内及进洞 200m 地段的道床的浇筑；二是商品混凝土采用泵车和轨道车的配合运输至作业面利用门式小吊进行道床浇筑，一般适用于盾构区间内道床的施工。

4）混凝土振捣：

① 可采用插入式振动棒振捣设备振捣混凝土。振捣时应避免碰撞模板、钢筋及预埋件。

② 按事先规定的工艺路线和方式振捣混凝土，应在混凝土浇筑过程中及时将入模的混凝土均匀振捣密实，不得随意加密振点或漏振，每点的振捣时间以表面泛浆或不冒大气泡为准，一般不宜超过 30s，避免过振。

③ 采用插入式振捣器振捣混凝土时，宜采用垂直点振方式振捣。若需变换振捣棒在混凝土拌合物中的水平位置，应首先竖向缓慢将振捣棒拔出，然后再将振捣棒移至新的位置，不得将振捣棒放在拌合物内平拖，也不得用插入式振捣棒平拖驱赶下料口处堆积的混凝土拌合物。

④ 在振捣混凝土过程中，应加强检查模板支撑的稳定性和接缝的密合情况，以防漏浆。混凝土浇筑完成后，应仔细将混凝土暴露面压实抹平，抹面时严禁洒水。

5）道床抹面：待混凝土浇筑达到一定时间后，应进行 3~6 次的抹面压光工作。

6）道床养护：

① 混凝土的浇水养护时间，对采用硅酸盐水泥、普通硅酸盐水泥或矿渣硅酸盐水泥拌制的混凝土，不得少于 7 天，对掺用缓凝型外加剂或有抗渗性要求的混凝土，养护期不少于 14 天。

② 混凝土灌筑终凝后，应立即对道床表面浇水养护，混凝土强度未达到设计强度的 70% 时，道床上不得行驶车辆和承重。

图名	整体道床模板安装及混凝土浇筑（三）	图号	GD5-9（三）

5.1.2 梯形轨枕整体道床施工
梯形轨枕整体道床施工工艺流程图见图5.20。

5.1.2.1 轨排拼装
（1）梯形轨枕轨排拼装工艺流程（图5.21）

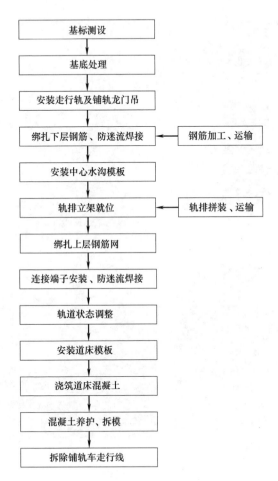

图 5.20 梯形轨枕整体道床施工工艺流程图

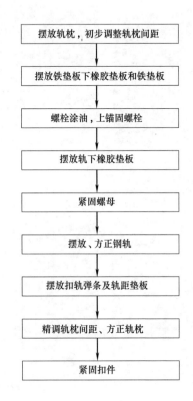

图 5.21 梯形轨枕轨排拼装工艺流程图

| 图名 | 梯形轨枕整体道床施工工艺流程 | 图号 | GD5-10 |

(2) 现场施工图（图 5.22）

(a) 粘贴泡沫板

(b) 梯形轨枕吊装就位

(c) 调整轨枕间距

(d) 摆放铁垫板及橡胶垫板

(e) 螺栓涂油及安装

(f) 将钢轨拨入承轨槽

(g) 紧固扣件

(h) 轨排存放

图 5.22 轨排拼装现场施工图

| 图名 | 轨排拼装 | 图号 | GD5-11 |

(3) 工艺控制要点

1) 粘贴泡沫板：为保证梯形轨枕没有减振材料和缓冲材料的地方在支座施工后保持有设计的空隙，因此，架枕前在梯形轨枕的侧面和底部设有隔离层，隔离层采用泡沫材料粘贴在轨枕的底面和侧面，泡沫材料的高度应高于减振材料 3～5mm，在减振材料的位置加工成斜面以便于混凝土的密贴，侧面隔离层厚度为 15mm，底部隔离层厚度为 30mm。

2) 轨排存放：轨排组装完成后用龙门吊机吊运到指定地点堆放或装车，并按铺设顺序注明轨节编号。轨排装车时，最多装三层，先铺的装在上面，后铺的装在下面。

3) 轨排吊运：梯形轨枕应按设计文件要求吊装，不得单点吊装，以及利用联接横梁吊装。如果使用钢丝绳吊装，应对梯形轨枕与其接触表面进行防护，不得损伤梯形轨枕。应利用吊装孔，并使用专用吊装工具进行吊装，保证梯形轨枕平面不受扭转力的影响。梯形轨枕轨排接头处的梯形轨枕无法挂于轨排上时应将该块梯形轨枕吊运至作业面进行拼装。

4) 吊运钢轨和轨排途中，下方严禁站人。

5) 大龙门吊操作手应和轨排拼装人员对讲机联系，实时沟通。

6) 安装紧固弹条过程中，正前方严禁站人。

5.1.2.2 安装道床钢筋网

(1) 安装道床钢筋网施工工艺流程（图 5.23）

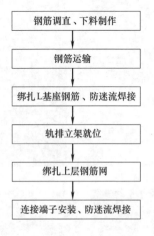

图 5.23 安装道床钢筋网施工工艺流程图

| 图名 | 安装道床钢筋网（一） | 图号 | GD5-12（一） |

（2）现场施工图（图5.24）

(a) 摆放L形基底钢筋

(b) 绑扎L形基底钢筋网

(c) 基底防迷流焊接

(d) 轨排立架就位

(e) 上层钢筋绑扎

(f) 上层防迷流焊接

图5.24 安装道床钢筋网现场施工图

（3）工艺控制要点

1）钢筋焊接：在每个道床结构段内，每隔5m在上下表层结构钢筋中分别选一根横向钢筋与所交叉的所有纵向钢筋焊接，并与侧边竖向钢筋焊接成闭合横向钢筋圈，以满足收集网截面要求，上下表面焊接应符合图纸规范要求。

2）精调基底钢筋网：应按照图纸规范要求安装，保证基底钢筋网和梯形轨枕轨排吻合，防止出现错位情况。

3）凸台钢筋：轨排立架完毕后，进行凸台钢筋绑扎，严禁凸台钢筋贴靠减振材料，凸台钢筋加工必须符合图纸要求。

| 图名 | 安装道床钢筋网（二） | 图号 | GD5-12（二） |

4) 在曲线地段上层纵向钢筋 φ14 的位置可根据轨枕上预留孔的位置做适当调整。

5.1.2.3 轨排运输及铺设

(1) 轨排运输及铺设工艺流程（图 5.25）

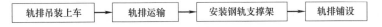

图 5.25 轨排运输及铺设工艺流程图

(2) 现场施工图（图 5.26）

(a) 轨排吊装上车

(b) 轨排运输

(c) 安装钢轨支撑架

(d) 轨排铺设

图 5.26 轨排运输及铺设现场施工图

(3) 工艺控制要点

1) 轨排立架：按照基标对架设于支撑架上的梯形轨枕进行粗调，铺轨小吊吊装轨排时，用轨排支撑架在轨排到位后进行轨排立架，使高度等基本达到粗调效果。

2) 在梯形轨枕进行吊装时，应严格遵守吊装规则，挂装好已规定的吊点，依次进行梯形轨枕的吊装。梯形轨枕轨排在铺轨基地进行组装，吊装采用钢丝绳或吊带，承重须满足梯形轨枕轨排重量要求，每块梯形轨枕重 3.8t，25m 钢轨、4 块梯形轨枕轨排重量为 18.23t，加轨架重按 20t 考虑。

| 图名 | 轨排运输及铺设 | 图号 | GD5-13 |

3) 梯形轨枕铺设时,可采用3台地铁铺轨机共同作业来完成。

4) 在每组轨枕吊装就位之前,检查梯形轨枕底面、侧面及凸台处的防振材料、缓冲材料、泡沫材料是否粘接完好,若发现缺损或未粘接密实,及时进行更换或重新粘接,直到符合要求为止。

5.1.2.4 轨道状态调整

(1) 轨道状态调整施工工艺流程（图5.27）

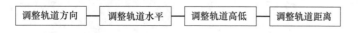

图5.27 轨道状态调整施工工艺流程图

(2) 现场施工图（图5.28）

(a) 调整高低、方向　　　　(b) 调整水平、轨距

图5.28 轨道状态调整现场施工图

(3) 工艺控制要点

1) 轨排架起后按设计和规范要求对其几何状态进行粗调、细调、精调。具体做法是：先调水平，后调轨距；先调基标部位，后调基标之间；先粗后精，反复调整。要求两股轨枕中心线与线路中线垂直安装距离允许偏差±5mm，轨距变化率不得大于1/1000。精调后，轨道中心线距基标中心线允许偏差±2mm，轨道方向直线段用10m弦量，允许偏差1mm。曲线段用20m弦量，并经现场监理检查确认符合要求后，方可进行混凝土浇筑作业。

2) 按设计和规范要求对其几何状态进行细调、精调。消除因立模作业和工装变形所产生的局部轨道尺寸变化，经过精调后，确保允许偏差应符合《地下铁道工程施工及验收规范》GB 50299—1999的规定，并经现场监理检查确认符合要求后，方可进行混凝土浇筑作业。

5.1.2.5 模板安装及混凝土浇筑

(1) 模板安装及混凝土浇筑施工工艺流程（图5.29）

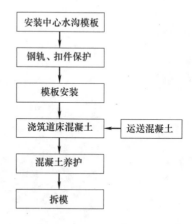

图5.29 模板安装及道床混凝土浇筑施工工艺流程图

| 图名 | 轨排状态调整 | 图号 | GD5-14 |

（2）现场施工图（图 5.30）

(a) 中心水沟模板安装

(b) 凸台模板安装

(c) 钢轨、扣件保护

(d) 混凝土浇筑振捣

(e) 道床抹面

(f) 道床成型

图 5.30 模板安装及混凝土浇筑现场施工图

（3）工艺控制要点

1）模板安装：道床模板安装必须平顺，位置正确，并牢固不松动。模板安装完成后要报请监理组织隐蔽工程检查，认定符合要求后方可浇筑混凝土。模板安装质量要求：位置偏差不大于±5mm，垂直度2mm，宽度允许偏差为±5mm，表面不平整度不大于2mm（1m靠尺检查），高程允许偏差±5mm。

2）混凝土浇筑：

① 浇筑混凝土前，应仔细检查钢筋保护层垫块的位置、数量及其紧固程度，并指定专人专项检查，以提高钢筋保护层厚度尺寸的质量保证率。轨排与钢筋笼组合完成后进行轨枕预留孔道压浆处理，确保轨枕孔密实性。

| 图名 | 模板安装及混凝土浇筑 | 图号 | GD5-15 |

② 混凝土入模前，应采用专用设备测定混凝土的温度、坍落度、含气量、水胶比及泌水率等工作性能；拌合物性能符合设计或配合比要求的混凝土方可入模浇筑。

③ 混凝土浇筑时的自由倾落高度不得大于 2m；当大于 2m 时，应采用滑槽、串筒、漏斗等器具辅助输送混凝土，保证混凝土不出现分层离析现象。

④ 混凝土的浇筑应采用分层连续推移的方式进行，间隙时间不得超过 90min，不得随意留置施工缝。

3）混凝土振捣：

① 可采用插入式振动棒振捣设备振捣混凝土。振捣时应避免碰撞模板、钢筋及预埋件。

② 按事先规定的工艺路线和方式振捣混凝土时，应在混凝土浇筑过程中及时将入模的混凝土均匀振捣密实，不得随意加密振点或漏振，每点的振捣时间以表面泛浆或不冒大气泡为准，一般不宜超过 30s，避免过振。

③ 采用插入式振动器振捣混凝土时，宜采用垂直点振方式振捣。若需变换振动棒在混凝土拌合物中的水平位置，应首先竖向缓慢将振动棒拔出，然后再将振动棒移至新的位置，不得将振动棒放在拌合物内平拖，也不得用插入式振动棒平拖驱赶下料口处堆积的混凝土拌合物。

④ 在振捣混凝土过程中，应加强检查模板支撑的稳定性和接缝的密合情况，以防漏浆。混凝土浇筑完成后，应仔细将混凝土暴露面压实抹平，抹面时严禁洒水。

5.1.2.6 吸声板安装

（1）吸声板安装施工工艺流程（图 5.31）

图 5.31 吸声板安装施工工艺流程图

（2）现场施工图（图 5.32）

(a) 水沟垃圾清理　　(b) 吸声板打孔

| 图名 | 吸声板安装 | 图号 | GD5-16 |

(c)吸声板定位　　　　(d)吸声板安装完成

图 5.32　安装吸声板

（3）工艺控制要点

清理水沟部位的各种污物，为了降低地下线车厢内噪声的影响，按设计要求铺设道床吸声板。运输、装载吸声板时不得随便抛掷，进场时，会同监理对型号、外形、外观进行验收。合格后，依次进行安装。每块梯形轨枕长度范围内铺设 8 块吸声板，其中 A 型 6 块，B 型 2 块；吸声板侧面、板底、端头的缓冲材料为橡胶，每块吸声板设置 2 块侧面橡胶垫 B 及 4 块板底橡胶垫 C，两吸声板板缝之间用 1 块端头橡胶垫 A 填充；梯形轨枕限位凸台的施工误差应控制在 ±10mm 内；具体按照梯形轨枕吸声板布置图执行（图 5.33）。

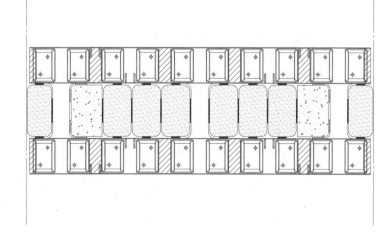

图 5.33　梯形轨枕吸声板布置图

| 图名 | 隔离式减振垫整体道床施工工艺流程 | 图号 | GD5-17 |

5.1.3 隔离式减振垫整体道床施工

隔离式减振垫道床施工工艺流程图见图 5.34。

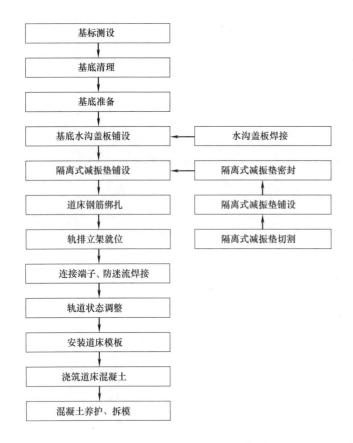

图 5.34 隔离式减振垫道床施工工艺流程图

5.1.3.1 基底准备

（1）基底准备工艺流程（图 5.35）

图 5.35 基底准备工艺流程

（2）现场施工图（图 5.36）

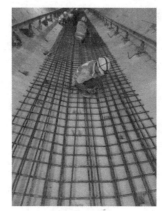 

(a) 基底钢筋绑扎　　　(b) 基底模板安装

| 图名 | 基地准备 | 图号 | GD5-18 |

(c) 基底混凝土浇筑

(d) 水沟清理

(e) 侧墙施工

(f) 倒角施工

图 5.36　基底准备现场施工图

2) 在混凝土浇筑前应按设计要求将基础表面用高压风清理干净。水沟模板支立应牢固，允许偏差为：位置±5mm，垂直度2mm；模板支立完成后，将道床混凝土标高线弹在模板上，模板要支立牢固，严禁发生跑、胀模现象。

3) 振捣完成后混凝土表面要进行抹面处理，为防止产生收缩裂缝，须用木抹子磨平、搓毛2遍以上，抹面允许偏差为平整度5mm/m。在混凝土施工过程中，施工中断不宜超过2h。混凝土浇筑完毕12h后，进行洒水养护。要保持混凝土处于湿润状态，养护应保证有7天。混凝土强度达到5MPa后方可拆除水沟模板。

4) 矩形隧道地段在铺设减振道床垫前，基底找平层施工完成再进行两侧挡墙施工。挡墙内侧距离线路中心1.425m。根据施工现场情况，两侧挡墙的施工可与基底一次成型或者进行二次浇筑。

5) 倒角制作用普通水泥砂浆，45°角，8～10cm（宽/高），沿线路方向侧墙与基底阴角做斜坡，也可以用混凝土做倒角，倒角施工应在减振垫铺设前一天完成。

（3）工艺控制要点

1) 基础找平层钢筋网采用在钢筋加工厂集中下料、加工，现场绑扎焊接成型的作业方式，纵向钢筋按两相邻伸缩缝长度配料。人工倒运入施工地点，按照要求进行散布。人工绑扎固定，调整网格间距。纵向和横向钢筋间距按要求焊接，每个结构段内的纵向钢筋的搭接处必须焊接，焊接长度不小于钢筋直径的5倍，在搭接处采用双面搭接焊，焊缝高度不小于6mm。上、下层钢筋都应满足混凝土保护层厚度的要求。

| 图名 | 基底模板安装 | 图号 | GD5-19 |

5.1.3.2 基底模板安装
（1）基底模板安装施工工艺流程（图5.37）

图5.37 基底模板安装施工工艺流程图

（2）现场施工图（图5.38）

(a) 水沟盖板安装

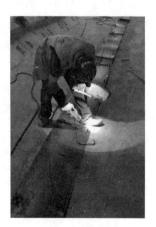
(b) 水沟盖板焊接

图5.38 基底模板安装现场施工图

（3）工艺控制要点

1）水沟盖板的铺设：减振垫道床排水以两侧排水沟为主，底部中心水沟为辅的形式。地下线隧道内减振垫铺设前需在基底中心水沟位置铺设水沟盖板，材质采用钢板，钢板厚度3mm，宽度450mm，施工时设置于中心水沟上，通长焊接，防止混凝土浇筑时因混凝土自重将减振垫凹陷于水沟内。钢板焊接时，在检查孔位置进行割口。

2）基底伸缩缝：
① 伸缩缝间隔不超过12m；
② ϕ10 钢筋网片伸缩处断开；
③ 伸缩缝用沥青模板填塞，模板上断面与基底面平齐，安装固定牢固，垂直度偏差不大于5mm；
④ 侧墙伸缩缝与基底伸缩缝贯通。

5.1.3.3 隔离式减振垫铺设
（1）隔离式减振垫铺设施工工艺流程（图5.39）

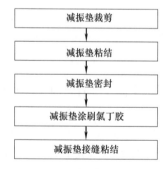

图5.39 隔离式减振垫铺设施工工艺流程

| 图名 | 隔离式减振垫铺设 | 图号 | GD5-20 |

（2）现场施工图（图5.40）

(a) 减振垫裁剪

(b) 减振垫粘结

(c) 涂刷氯丁胶

(d) 减振垫接缝粘结

图5.40 隔离式减振垫铺设现场施工图

（3）工艺控制要点

1) 减振道床垫铺设之前，必须保证基础面清扫干净，混凝土基础上无尖角或不平整且强度不小于70%，减振道床垫采用横铺方式进行铺设（垂直于线路方向铺设）。铺设后的道垫上不能存放钢筋、钢轨、施工机具及轨排等重型物品。铺设后的减振垫上尽量避免运行手推车，手推车运行过程中严禁急刹、急转等过猛动作。

2) 垫层表面清扫，钢筋头、铁丝、伸缩缝模板切割清理，不得露出基底面；混凝土浮渣，杂物、明水、油污须清理干净，并保持干燥；

3) 裁割减振垫在直线段铺设将垫子按照所量得实际数据裁切成标准块进行，曲线段需根据现场实际施工情况，加设三角形或梯形块，以保证减振垫始终垂直于线路中心线并居中铺设，道岔区则按设计图示分块铺设即可，注意小块料利用，避免浪费；

4) 铺设部位摆样及按照图纸所示，进行摆放成型，施工注意拼缝间隙不大于6mm，在减振垫光面涂刷氯丁胶，沿线路方向在距端部15cm处向线路中心方向涂刷（矩形隧道在侧挡墙内侧减振垫界线下），刷胶宽度不小于30cm；同结构壁拍压粘结密实。

5) 减振垫拼缝刷胶10cm，粘贴土工布10cm，平顺无褶皱，无翘边，沿拼缝居中粘贴，用手压实，端部甩出3cm土工布包裹减振垫侧面。

5.1.3.4 道床钢筋网安装

（1）道床钢筋网安装工艺流程（图5.41）

| 图名 | 道床钢筋网安装 | 图号 | GD5-21 |

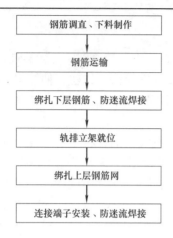

图 5.41 道床钢筋网安装工艺流程图

（2）现场施工图（图 5.42）

(a) 下层道床钢筋绑扎

(b) 轨排立架就位

(c) 观察筒固定

(d) 防迷流焊接

图 5.42 道床钢筋网安装现场施工图

(3) 工艺控制要点

1) 轨排架起后按设计和规范要求对其几何状态进行粗调、细调、精调。具体做法是：先调水平，后调轨距；先调基标部位，后调基标之间；先粗后精，反复调整。要求两股轨枕中心线与线路中线垂直安装距离允许偏差±5mm，轨距变化率不得大于1/1000。精调后，其精度应符合下列规定：轨道中心线距基标中心线允许偏差±2mm，轨道方向直线段用10m弦量，允许偏差1mm。曲线段用20m弦量，并经现场监理检查确认符合要求后，方可进行混凝土浇筑作业。

2) 钢筋焊接时，应在焊点下方铺垫石棉布等防火材料，避免焊渣掉落烧坏减振道床垫。道床伸缩缝两端设两道扁钢（50mm×8mm）闭合焊接，杂散电流端子4个由扁钢引出施焊，注意位置及高度符合专业技术要求，满足后续施工需要。

| 图名 | 轨道状态调整 | 图号 | GD5-22 |

3）轨道调整中，支立支撑架时候需要在支撑杆下面垫上一小块钢板规格为200mm×200mm×5mm，防止出现局部受力现象。

4）钢筋网的布设在轨道初调完毕后，进行道床内钢筋的绑扎，按照设计图纸要求布置钢筋间距。伸缩缝、观察孔处纵向钢筋断开，观察孔处设置加强筋；岔区道床纵向钢筋遇轨枕其间距可适当调整。

5.1.3.5 轨道状态调整

（1）轨道状态调整工艺流程（图5.43）

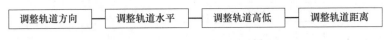

图5.43 轨道状态调整工艺流程

（2）工艺控制要点

1）轨道几何尺寸：

① 轨道中心线：距基标中心线允许偏差为±2mm。

② 轨道方向：直线段用10m弦量，允许偏差为1mm。曲线段用20m弦量正矢，允许偏差应符合轨道曲线正矢调整允许偏差。

③ 轨顶水平及高程：高程允许偏差为±1mm，左右股钢轨顶面水平允许偏差为1mm，在延长18m的距离范围内应无大于1mm三角坑。

④ 轨顶高低差：用10m弦量不应大于1mm。

⑤ 轨距：允许偏差为－1至＋2mm，变化率不应大于1‰。

⑥ 轨底坡：按1/40设置。

⑦ 轨缝：允许偏差为0至＋1mm。

⑧ 钢轨接头：轨面、轨头内侧应平（直）顺，允许偏差为0.5mm。

2）钢轨两股接头：轨道的两股钢轨应采用相对式接头，直线段允许相错量为20mm；曲线段允许相错量为规定缩短量之半加15mm；辅助线曲线半径不大于200m的曲线地段钢轨接头应采用错接，错接距离不应小于3m。

3）轨道几何尺寸精调步骤：对照铺轨基标利用螺旋支腿粗调轨道几何位置。确认轨道标高、轨距、水平、方向不超过±5mm后，结合使用钢支顶再进行轨道几何位置精调。精调前首先按不大于0.5mm精度误差调整道尺，借助于直角道尺调整轨道基本股，再用万能道尺调整另一股调整轨道标高和设置曲线超高；用10m弦线调整轨道方向和正矢；轨道调整完后，确认轨道中线、标高、轨距、超高、正矢等符合设计要求后，灌注轨道混凝土。

5.1.3.6 模板安装及混凝土浇筑

（1）整体道床模板安装及混凝土施工工艺流程（图5.44）

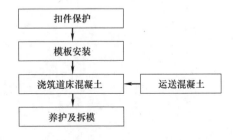

图5.44 整体道床模板安装及混凝土施工工艺流程图

| 图名 | 模板安装及混凝土浇筑 | 图号 | GD5-23 |

(2) 工艺控制要点

1) 按规定的工艺路线和方式振捣混凝土，应在混凝土浇筑过程中及时将入模的混凝土均匀振捣密实，不得随意加密振点或漏振，每点的振捣时间以表面泛浆或不冒大气泡为准，一般不宜超过 30s，避免过振。

2) 混凝土进场，试验人员应观察混凝土是否产生离析现象，并做好塌落度检测试验是否符合设计要求，混凝土应做抗压试件留置组数，同一配合比每浇筑 100m（不足 100m 者按 100m 计）应取二组试件，一组在标准条件下养护，另一组与道床同条件下养护 28 天，做强度试验。

3) 混凝土浇筑时的自由倾落高度不得大于 2m；当大于 2m 时，应采用滑槽、串筒、漏斗等器具辅助输送混凝土，保证混凝土不出现分层离析现象。

4) 抹面允许偏差：平整度 3mm，高程 0，－5mm。

5.1.4 钢弹簧浮置板整体道床施工

钢弹簧浮置板施工工艺流程见图 5.45。

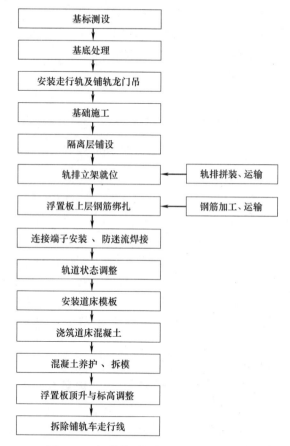

图 5.45 钢弹簧浮置板施工工艺流程图

| 图名 | 钢弹簧浮置板整体道床施工工艺流程 | 图号 | GD5-24 |

5.1.4.1 基础施工
(1) 基础施工工艺流程（图5.46）

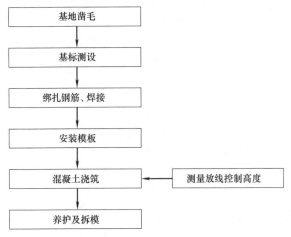

图5.46 基础施工工艺流程图

(2) 现场施工图（图5.47）

(a) 基标测设

(b) 基底钢筋绑扎

(c) 基底钢筋焊接

(d) 基底模板安装

(e) 基底混凝土浇筑

(f) 基底成型

图5.47 基底施工工艺流程图

(3) 工艺控制要点

1) 基标测设：基底施工前需进行线路中线、基底混凝土高程、隔振器的位置、伸缩缝位置放线，并在盾构壁上，拉设护桩，现场标识清楚。底板线路中线桩可设置在线路中心。浮置道床基底高程根据设计轨面高程进行调整，施工时在盾构壁上弹出基底混凝土面高度线。

| 图名 | 基础施工 | 图号 | GD5-25 |

2）基底钢筋绑扎：对比实际检测与设计的底板标高，适当调整钢筋的加工尺寸。横、纵向钢筋的间距要严格按照图纸设计要求布置，误差不大于20mm。纵向钢筋按50d搭接，同一断面接头率不大于50%。

3）基底模板安装：浮置道床基底水沟模板可采用矩形钢模或木模，循环使用。模板安装必须平顺，位置正确，牢固不松动，以防灌注混凝土时模板移位。

4）基底水沟设置：基底设纵向中心水沟，坡度与线路坡度一致，水沟宽350mm，深134mm，沟底至轨顶面高度为750mm。联络通道两侧50m范围每25m板长范围的基底上设置1处横截沟，其余地段每50m的范围基底上设置1处横截沟，横截沟设置在观察筒位置；直线地段设置两侧横沟，曲线地段每隔50m在曲线内侧设置一个横沟，横向水沟宽200mm，横沟坡度指向中心水沟，不能出现反坡现象，横沟处钢筋应断开。

5）基础混凝土浇筑完毕后，重新复查基底混凝土面高程，对于偏差尺寸超过设计要求的地段进行整修。整修办法是：基底混凝土面高于设计高程时，用打磨机对超出隔振器外套筒底部尺寸100mm范围内进行打磨。打磨过程中随时进行检查，直到达到设计高程；基底混凝土面低于设计高程时，对隔振器外套筒100mm范围内进行凿毛，并进行修补填高。注意严禁采用在基础垫层表面局部垫高或挖深的方法来满足隔振器放置要求。

5.1.4.2 水沟盖板安装及隔离膜铺设

（1）水沟盖板安装及隔离膜铺设施工工艺流程（图5.48）

图5.48 水沟盖板安装及隔离膜铺设施工工艺流程图

（2）现场施工图（图5.49）

(a) 水沟盖板加工运输

(b) 水沟盖板焊接

| 图名 | 水沟盖板安装及隔离膜铺设 | 图号 | GD5-26 |

(c) 隔离膜铺设　　　　(d) 隔离膜铺设完成

图 5.49　水沟盖板安装及隔离膜铺设施工工艺流程图

（3）工艺控制要点

1）盖板中心线与水沟中心线要重合。两块盖板接缝处须焊接牢固。水沟盖板需在浮置板道床板缝处断开。在盖板上依据设计要求的长度和间距布设锚固钢筋，并焊接牢固。

2）隔离膜宜沿线路纵向铺设，先铺线路中心部分，再铺设两侧墙部分，各接缝处应进行重叠搭接，搭接量不小于100mm，且尽可能错缝布置，不要出现接缝沿纵向集中的现象。

3）隔离膜接缝不能落在水沟盖板上，应远离盖板100mm以上。水沟盖板上的锚固筋穿透隔离膜处要进行封胶处理，防止浇筑混凝土时漏浆。隔离膜两侧宽出部分每隔一定距离用粘胶固定在两侧模板外侧，防止施工中产生滑移。

5.1.4.3　钢弹簧浮置板轨排拼装

（1）钢弹簧浮置板轨排拼装施工工艺流程（图 5.50）

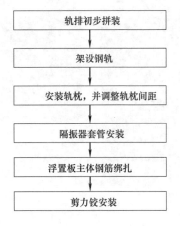

图 5.50　钢弹簧浮置板轨排拼装施工工艺流程

| 图名 | 钢弹簧浮置板轨排拼装（一） | 图号 | GD5-27（一） |

(2) 现场施工图（图 5.51）

(a) 轨排初步拼装

(b) 轨排吊装至拼装台

(c) 隔振器套筒密封

(d) 隔振器套筒安装

(e) 浮置板主体钢筋绑扎

(f) 剪力铰安装

(g) 钢弹簧浮置板轨排存放

图 5.51 钢弹簧浮置板轨排拼装现场施工图

| 图名 | 钢弹簧浮置板轨排拼装（二） | 图号 | GD5-27（二） |

(3) 工艺控制要点

1) 轨排拼装：拼装时，轨枕与钢轨中线垂直，内外股轨枕按法线对齐。轨排组装后组织验收，注意检查轨距、轨枕位置及间距、扣件与轨枕是否密贴等。

2) 外套筒要根据图纸要求放置在相邻（轨道下）垫板的间隙内，这样可方便以后进行隔振器的检查。外套筒放好后，用硅胶等胶凝材料把基础环密封好，以保证外套筒的位置并防止水泥浆渗漏。

3) 当所有隔振器外套筒放好并固定后，根据设计图纸绑扎钢筋和安装剪力铰，剪力铰定位要准确。在隔振器周围绑钢筋时，要注意避免移动外套筒。为防止浇筑混凝土时外套筒移动和浮起，可以把外套筒的吊耳和上部的结构钢筋绑扎在一起。

4) 安全文明施工：吊运钢轨和枕木途中，下方严禁站人；大龙门吊操作手与轨排拼装人员对讲机联系，实时沟通；安装紧固弹条过程中，前方严禁站人。

5) 轨排存放：轨排组装完成后用龙门吊机吊运到指定地点堆放或装车，并按铺设顺序注明轨节编号。轨排装车时，最多装三层，先铺的装在上面，后铺的装在下面。

5.1.4.4 安装道床钢筋网

(1) 安装道床钢筋网工艺流程（图 5.52）

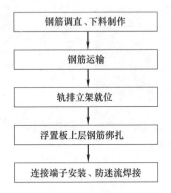

图 5.52 安装道床钢筋网工艺流程图

(2) 现场施工图（图 5.53）

(a) 轨排立架就位

(b) 隔振器套筒固定

| 图名 | 安装道床钢筋网 | 图号 | GD5-28 |

(c) 上层钢筋绑扎

(d) 防迷流焊接

图 5.53　安装道床钢筋网现场施工图

（3）工艺控制要点

1）钢筋模板：

① 浮置板两道床间及道床板与周围其他类型道床或固定结构物之间需安装 30mm 厚伸缩缝模板

② 受拉带肋钢筋的末端应采用直角形弯钩，弯钩的内侧半径不得小于 3.5d，钩端应留有不小于 5d 的直线段（d 为钢筋直径）。

③ 用光圆钢筋制成的箍筋，其末端应有弯钩（半圆形、直角形或斜弯钩）。弯钩的弯曲内直径应大于受力钢筋直径，且不应小于箍筋直径的 2.5 倍。对一般结构，箍筋弯钩的弯折角度不应小于 90°，弯钩平直部分的长度不宜小于箍筋直径的 5 倍。

2）钢筋绑扎：钢筋绑扎一般采用 20～22 号铁丝，要求绑扎准确、牢固，钢筋搭接长度不小于 40 倍钢筋直径且不得小于 300mm。

3）杂散电流防护：

① 沿整体道床纵向每隔 5m 用一根横向钢筋与所有的纵向钢筋焊接，并使上、下层钢筋连通，短于 10m 的整体道床在中部用一根横向钢筋与所有的收集网纵向钢筋焊接。

② 在垂直轨道正下方选择两根纵向钢筋与所有横向钢筋焊接；钢筋如有搭接，必须进行搭接焊，双面焊焊接长度不小于钢筋直径的 6 倍，单面焊焊接长度不小于钢筋直径的 12 倍。

③ 闪光焊钢筋表面不得有明显的烧伤或裂纹；焊接质量应符合设计及相关规范要求。

5.1.4.5　轨道状态调整

（1）轨道状态调整工艺流程（图 5.54）

图 5.54　轨道状态调整工艺流程图

（2）现场施工图（图 5.55）

| 图名 | 轨道状态调整 | 图号 | GD5-29 |

(a) 标高、方向

(b) 轨距、水平

(c) 正矢

图 5.55 轨道状态调整现场施工图

④ 轨顶高低差：用 10m 弦量不应大于 1mm。
⑤ 轨距：允许偏差为 $-1 \sim +2$mm，变化率不应大于 1‰。
⑥ 轨底坡：按 1/40 设置。
⑦ 轨缝：允许偏差为 $0 \sim +1$mm。
⑧ 钢轨接头：轨面、轨头内侧应平（直）顺，允许偏差为 0.5mm。

2) 钢轨两股接头：轨道的两股钢轨应采用相对式接头，直线段允许相错量为 20mm；曲线段允许相错量为规定缩短量之半加 15mm；辅助线曲线半径不大于 200m 的曲线地段钢轨接头应采用错接，错接距离不应小于 3m。

3) 轨道几何尺寸精调步骤：对照铺轨基标利用螺旋支腿粗调轨道几何位置。确认轨道标高、轨距、水平、方向不超过 ±5mm 后，结合使用钢支顶再进行轨道几何位置精调。精调前首先按不大于 0.5mm 精度误差调整道尺，借助于直角道尺调整轨道基本股，再用万能道尺调整另一股调整轨道标高和设置曲线超高；用 10m 弦线调整轨道方向和正矢；轨道调整完后，确认轨道中线、标高、轨距、超高、正矢等符合设计要求后，灌注道床混凝土。

5.1.4.6 混凝土浇筑

(1) 混凝土浇筑工艺流程（图 5.56）

(3) 工艺控制要点

1) 轨道几何尺寸：

① 轨道中心线：距基标中心线允许偏差为 ±2mm。

② 轨道方向：直线段用 10m 弦量，允许偏差为 1mm。曲线段用 20m 弦量正矢，允许偏差应符合轨道曲线正矢调整允许偏差。

③ 轨顶水平及高程：高程允许偏差为 ±1mm，左右股钢轨顶面水平允许偏差为 1mm，在延长 18m 的距离范围内应无大于 1mm 三角坑。

| 图名 | 混凝土浇筑 | 图号 | GD5-30 |

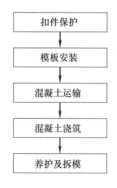

图 5.56 混凝土浇筑工流程图

（2）现场施工图（图 5.57）

(a) 扣件保护

(b) 混凝土浇筑

(c) 道床抹面

(d) 混凝土浇筑成型

图 5.57 混凝土浇筑现场施工图

（3）工艺控制要点

1）混凝土进场，试验人员应观察混凝土是否产生离析现象，并做好塌落度检测试验，检验坍落度，混凝土应做抗压试件留置组数，同一配合比每浇筑 100m³（不足 100m 者按 100m 计）应取两组试件，一组在标准条件下养护，另一组与道床同条件下养护 28 天，留做强度试验。

2）混凝土浇筑时的自由倾落高度不得大于 2m；当大于 2m 时，应采用滑槽、串筒、漏斗等器具辅助输送混凝土，保证混凝土不出现分层离析现象。

3）按事先规定的工艺路线和方式振捣混凝土，应在混凝土浇筑过程中及时将入模的混凝土均匀振捣密实，不得随意加密振点或漏振，每点的振捣时间以表面泛浆或不冒大气泡为准，一般不宜超过 30s，避免过振。

4）抹面允许偏差：平整度 3mm，高程 0，−5mm。

| 图名 | 浮置板顶升（一） | 图号 | GD5-31（一） |

5.1.4.7 浮置板顶升
(1) 浮置板顶升工艺流程（图5.58）

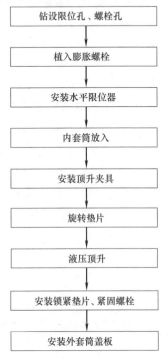

图5.58 浮置板顶升工艺流程图

(2) 现场施工图（图5.59）

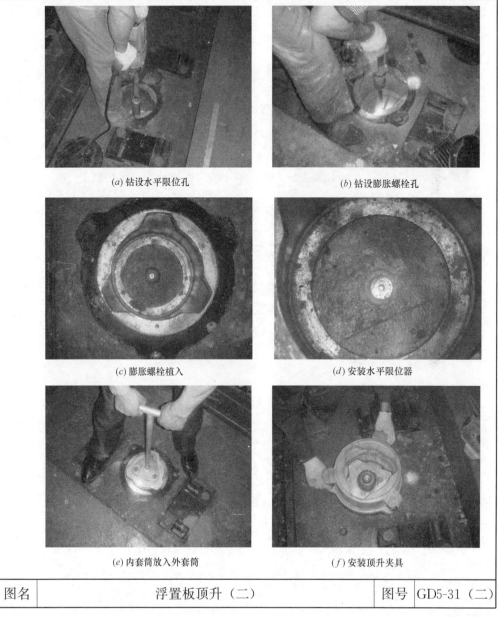

(a) 钻设水平限位孔
(b) 钻设膨胀螺栓孔
(c) 膨胀螺栓植入
(d) 安装水平限位器
(e) 内套筒放入外套筒
(f) 安装顶升夹具

| 图名 | 浮置板顶升（二） | 图号 | GD5-31（二） |

(g) 旋转垫片

(h) 顶升

2) 顶升前,作业面杂物清理干净后安装密封条。浮置板两侧、浮置板间,道床顶升后与周围结构物空隙均用密封条密封,防止杂物进入道床板周围缝隙,避免其影响浮置板后期使用。

3) 浮置板顶升

① 水平限位器安装完成后将隔振器内套筒使用专用工具放入外套筒内,水平限位器安装完成后将隔振器内套筒使用专用工具放入外套筒内。

② 内套筒和承载挡块间竖向空隙填充完毕后使用顶升装置开始顶升作业。顶升时每个承载挡块下分别放入同等厚度的分体垫片。

③ 前两次顶升后对设置的测点进行标高测量,计算已顶升高度,根据数据确定最后一次顶升放入垫片高度。顶升完成后对测点进行实测,并将数据归档保存。顶升完成后安装锁紧垫片并上紧定位螺栓,并上紧内套筒中心位置螺栓。安装外套筒顶盖,清理浮置板表面。

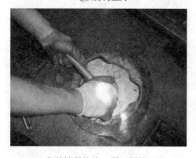
(i) 安装锁紧垫片、紧固螺栓

(j) 安装外套筒盖板

图 5.59 混凝土浇筑及浮置板顶升现场施工图

(3) 工艺控制要点

1) 浮置板道床混凝土硬化成型后,需要清理扣件、钢轨、隔振器顶面的混凝土,保持作业面清洁。将整个作业面卫生清理干净,浮置板道床两侧多余的隔离膜割除,等 28 天后混凝土达到设计强度,进行道床顶升作业。

| 图名 | 库内短枕式整体道床施工(一) | 图号 | GD5-32(一) |

5.1.5 库内整体道床施工

5.1.5.1 库内短枕式整体道床施工

(1) 工艺流程（图 5.60）

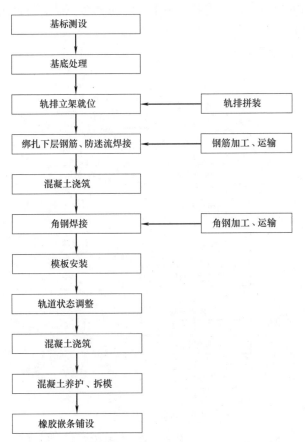

图 5.60 库内短枕式整体道床施工工艺流程图

(2) 现场施工图（图 5.61）

(a) 下层钢筋绑扎

(b) 角钢焊接

(c) 混凝土浇筑

(d) 道床抹面

| 图名 | 库内短枕式整体道床施工（二） | 图号 | GD5-32（二） |

5.1.5.2 立柱式、侧壁式检查坑整体道床施工

柱式检查坑整体道床的施工与普通整体道床的施工程序基本相同，其特殊性在于结构高度较高，每个立柱单体必须得立模，且混凝土浇筑的工程量又不多，现场作业的空间有限，给混凝土浇筑、轨排架设、材料倒运、模板安装带来了一定的难度。本工程立柱施工由土建单位完成。

（1）工艺流程

(e) 已成型的混凝土支墩道床

(f) 橡胶嵌条铺设

图 5.61 库内短枕式整体道床现场施工图

（3）控制要点

1）整体道床边用角钢加固，角钢上每隔 150mm 布置一对钩钉，单个钩钉展延长 0.2m。

2）跨电缆沟处及两边各 1m 范围内，钢筋改为 $\phi 20$ 螺纹钢筋，纵、横向间距 151mm、236mm。

3）橡胶条厂制尺寸应在整体道床浇筑前由供货商提供安装要求，确保钢轨槽尺寸与橡胶条的厂制尺寸吻合，使填塞的橡胶条密贴平整稳固。

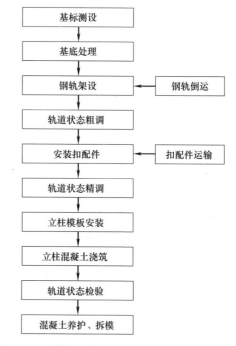

图 5.62 立柱式、侧壁式检查坑整体道床工艺流程

| 图名 | 立柱式、侧壁式检查坑整体道床施工（一） | 图号 | GD5-33（一） |

(2) 现场施工图（图5.63）

(a) 钢轨架设

(b) 铁垫板下的橡胶垫板代替

(c) 调整线路中心位置

(d) 轨道状态调整

图5.63 立柱式、侧壁式检查坑整体道床现场施工图

| 图名 | 立柱式、侧壁式检查坑整体道床施工（二） | 图号 | GD5-33（二） |

(3）控制要点

1) 基标测设：库内柱式检查坑整体道床均为直线，按照规范规定，基标间距为6m，在施工放样时须将信号绝缘接头位置的基标加密设置，做好标记以指导钢轨接头对位。基标一般设置在轨道中心，注意成品的保护。

2) 钢轨倒运：利用吊车将钢轨吊到库前，然后用特制的吊架将钢轨吊上滚道线，人工推送到指定位置，方向为从库前至库后，滚道架间距6m。

3) 钢轨架设

①土建施工单位每一股道检查坑立柱的钢筋网绑扎好后轨道专业开始架设钢轨，调整钢轨时，如钢筋网与扣件尼龙套管冲突，则需土建单位进行调整配合调整钢筋位置。

②架设钢轨时，先立好轨架，轨架每隔5m左右立一处，并立在立柱的空隙适当位置处，每根25m长的钢轨用专门制作的吊轨支架吊起后，人工配合把钢轨落在轨架上，钢轨落在轨架上后必须要安放平稳。

4) 轨道粗调

钢轨架设过程中，先按线路中心及标高进行粗调，使水平及中线误差不超过10mm。单股道的钢轨全部架设完毕，钢轨所有配件安装完毕后，通过调整钢轨支承架支腿螺旋对整股道的几何状态按照设计和规范要求进行细部调整。

5) 土建单位安装模板

轨道细调完成后，安装检查坑立柱模板。土建施工单位在安装模板施工时为防止对我们调整好的线路造成大的影响。防止施工过程中碰撞钢轨和扣件，需随时对轨道几何尺寸进行检查调整。

6) 线路精调

土建施工单位模板安装完成后，轨道专业进行浇注混凝土之前的最后一次检查并进行精调。

7) 初凝后轨道的检验

混凝土浇筑完初凝后安排人员对柱式、壁式检查坑的线路进行最后一次施工过程中的检查，检查浇筑混凝土过程中是否由于振动棒捣固使线路几何状态发生变化，如果有误差超限的点时及时进行整改。

5.1.6 整体道床道岔施工

整体道床道岔施工工艺流程如图2.64。

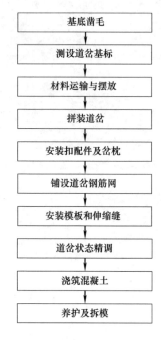

图5.64 整体道床道岔施工工艺流程图

| 图名 | 整体道床道岔施工工艺流程 | 图号 | GD5-34 |

5.1.6.1 道岔拼装施工

(1) 工艺流程（图 5.65）

图 5.65 道岔拼装施工工艺流程图

(2) 现场施工图（图 5.66）

(a) 材料转运

(b) 摆放岔枕

(c) 摆放垫板

(d) 对位岔枕和岔轨

(e) 紧固道岔扣配件

(f) 道岔起道

图 5.66 道岔拼装现场施工图

| 图名 | 岔道拼装施工 | 图号 | GD5-35 |

(3) 工艺控制要点

1) 道岔铺设时，要求两根基本轨的螺栓孔应在同一轴线上，允许误差±3mm。

2) 道岔上道后，各部位轨距、水平、方向及高低等要求，按道岔验收有关规定执行。

3) 在道岔布置中前后岔心距离铺设误差应控制在±5mm范围内。

4) 道岔上道前应进行整组道岔道外预铺（包括电务转辙设备），并满足下列要求：

① 道岔各部尺寸及零部件的安装符合设计图纸。

② 岔枕用M30螺钉严禁敲入，严禁用棍棒插入套管拨动岔枕。

③ 在安装外锁闭装置前，两尖轨应分别与相应的基本轨做密贴检验，确认尖轨在轨头刨切范围内与基本轨缝隙小于1mm。

④ 顶铁与尖轨轨腰间隙应小于1mm。若发现间隙太大，可在顶铁与基本轨轨腰之间加调整片进行调整，若顶铁紧顶基本轨影响密贴又无调整片时，则应卸下顶铁进行打磨。

⑤ 转辙器垫板的滑床台应平滑。

⑥ 尖轨的轨底应与下部滑床台密贴，整组道岔不密贴率允许不大于8%，各牵引点左右枕上的滑床台必须与尖轨的轨底密贴。密贴指有磨痕或缝隙不大于1mm。

⑦ 安装滑床板和护轨垫板的弹片时，应注意区分弹片上下面（弹片上表面标注"上"为上面），将其插入滑床台内，再将销钉表面涂油后，穿入滑床台侧面的钉孔，用手锤敲击钉头，使其就位。

⑧ 各部分紧固螺栓须拧紧，拧紧的要求：转辙器根端间隔铁螺栓扭矩为700～900N·m；M30螺钉扭矩为250～300N·m；螺栓冻结扭矩为1200～1400N·m。

5.1.6.2 铺设道岔钢筋网

(1) 工艺流程（图5.67）

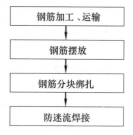

图5.67 道岔钢筋施工工艺流程

(2) 现场施工图（图5.68）

(a) 钢筋加工　　　　　　　　(b) 钢筋摆放

| 图名 | 铺设岔道钢筋网（一） | 图号 | GD5-36（一） |

(c) 防迷流焊接

图 5.68 铺设道岔钢筋网

(3) 工艺控制要点

1) 未经相关许可，必须按照施工设计图指定的钢筋品种和规格进行加工、下料，钢筋下料时必须按照设计下料长度切断，钢筋下料长度必须准确；钢筋下料后，应按照设备特点及钢筋直径和弯曲角度进行划线，以便弯曲成设计所要求的尺寸。形状、尺寸必须符合设计要求，平面上没有翘曲、不平现象。

2) 为了保证钢筋与混凝土之间的握裹力，在钢筋使用前，应将其表面的油渍、漆污、铁锈等清除干净。当钢筋需要调直时，调直后的钢筋表面不应有削弱钢筋截面的伤痕。

3) 受拉带肋钢筋的末端应采用直角形弯钩，弯钩的内侧半径不得小于 $3.5d$，钩端应留有不小于 $5d$ 的直线段（d 为钢筋直径）。

4) 用光圆钢筋制成的箍筋，其末端应有弯钩（半圆形、直角形或斜弯钩）。弯钩的弯曲内直径应大于受力钢筋直径，且不应小于箍筋直径的 2.5 倍。对一般结构，箍筋弯钩的弯折角度不应小于 90°，弯钩平直部分的长度不宜小于箍筋直径的 5 倍。

5) 钢筋宜在常温状态下加工，不宜加热。弯制钢筋宜从中部开始，逐步弯向两端，应一次弯成。

6) 钢筋的连接

① 钢筋连接前，应先仔细核对施工图纸，确认无误后方可施工。

② 钢筋绑扎一般采用 20～22 号铁丝，要求绑扎准确、牢固，钢筋搭接长度不小于 40 倍钢筋直径且不得小于 300mm。

③ 在道床上相邻两个变形缝之间的道床称为一个道床结构段，每个道床结构段内的结构钢筋应电气连接，即每个结构段内的纵向钢筋的搭接必须焊接，双面焊钢筋的搭接长度不小于钢筋直径的 5 倍，单面焊钢筋的搭接长度不小于钢筋直径的 10 倍，焊缝高度不小于 6mm。

④ 杂散电流防护：沿整体道床纵向每隔 5m 用一根横向钢筋与所有的纵向钢筋焊接，并使上、下层钢筋连通，短于 10m 的整体道床在中部用一根横向钢筋与所有的收集网纵向钢筋焊接。在垂直轨道正下方选择两根纵向钢筋与所有横向钢筋焊接；钢筋如有搭接，必须进行搭接焊，双面焊焊接长度不小于钢筋直径的 6 倍，单面焊焊接长度不小于钢筋直径的 12 倍。

⑤ 闪光焊钢筋表面不得有明显的烧伤或裂纹；焊接质量应符合设计及相关规范要求。

7) 钢筋安装

① 钢筋的牌号、规格、数量和混凝土保护层的厚度均应符合设计文件的要求。

| 图名 | 铺设岔道钢筋网（二） | 图号 | GD5-36（二） |

② 在钢筋无支撑时，为保证混凝土保护层厚度，应在钢筋与模板之间采用垫块支垫或采用适合长度的勾筋挂于岔枕底带的横向钢筋。垫块互相错开，分散布置，不得横贯保护层的全部截面，垫块数量不得少于 4 个/m²，绑扎垫块和钢筋的铁丝头不得伸入保护层内。垫块的耐久性和抗压强度应不低于构件本体混凝土，且细石混凝土水胶比不大于 0.4。不得采用砂浆垫块。

③ 钢筋在安装过程中，必须满足防杂散电流的施工设计要求。

④ 钢筋网在模型中的位置应准确，不得倾斜、扭曲，也不得改变保护层的规定厚度。

⑤ 钢筋工序施工完毕后，应严格执行三检制度。即先由钢筋绑扎施工过程中班组自检；再由钢筋班组与模板班组、混凝土班组交接时，模板班组、混凝土班组检查钢筋绑扎存在的问题；最后通知项目专业技术负责人或施工质量负责人对施工质量进行专业检查；合格后方可进入下道工序施工。

5.1.6.3 道岔状态精调

(1) 工艺流程（图 5.69）

图 5.69 道岔状态精调施工工艺流程图

(2) 现场施工图（图 5.70）

(a) 高低、方向

(b) 轨距、水平

(c) 支距

图 5.70 道岔状态精调现场施工图

| 图名 | 道岔状态精调 | 图号 | GD5-37 |

(3) 工艺控制要点

① 转辙器必须扳动灵活，尖轨尖端应与基本轨密贴，其间隙不应大于1mm。

② 轨距允许偏差：尖轨尖端处轨距允许偏差为±1mm；尖轨根端允许偏差±1mm；其他部位－1mm，＋2mm，变化率不应大于1‰。

③ 查照间隔（辙叉心作用边至护轨头部外侧的距离）为1391mm，允许偏差为0～＋2mm。护背距离（翼轨作用边至护轨头部外侧的距离）为1348mm，允许偏差为0～－1mm。

④ 接头处轨面、轨头内侧应平（直）顺，允许偏差为0.5mm。

⑤ 轨顶水平及高程：全长范围内高低差不应大于2mm，高程允许偏差为±1mm，左右股钢轨顶面水平允许偏差为1mm。

⑥ 里程位置：允许偏差为±15mm。

⑦ 导曲线及附带曲线：导曲线支距允许偏差为1mm；附带曲线用10m弦量连续正矢差允许偏差为：1mm。

5.1.6.4 整体道床道岔模板安装及混凝土浇筑

(1) 工艺流程（图5.71）

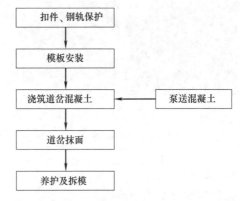

图5.71 整体道床道岔模板安装及混凝土浇筑施工工艺流程图

(2) 现场施工图（图5.72）

(a) 扣件、钢轨套袋保护　　(b) 振捣混凝土

| 图名 | 整体道床岔道模板安装集混凝土浇筑 | 图号 | GD5-38 |

(c) 道岔抹面　　　　(d) 道岔养护

图 5.72　道岔模板安装及混凝土浇筑现场施工图

(3) 工艺控制要点

1) 加强岔枕与周围混凝土的捣固。

2) 注意道床表面的横向排水坡度，以防积水。

3) 道床混凝土强度达到 7.5MPa 时方可拆除钢轨支承架，达到设计强度的 70% 方可行驶车辆和承重。

4) 整体道床分块布置，设置伸缩缝，宽度为 20mm。伸缩缝内塞 1~2cm 厚、经防腐处理的木板，顶面 2~3cm 用沥青做防水处理。

① 整体道床顶面设"人"字形排水横坡，以线路中心线或辙叉角平分线作为分水线，分水线处道床顶面比轨枕顶面低 30cm，厚度为 332mm；道床边厚度为 320mm。道床面排水横坡由分水线向道床边拉坡抹面而成，拉坡抹面须满足钢轨下净空不小于 70mm 的要求。

② 道岔道床基底与道床连接采用 YG2 型 M16×245 膨胀螺栓，设置时需避开结构钢筋位置，锚入深度为 110mm；道岔理论中心至岔头部分，每 1.2m 设置 6 个，道岔理论中心至岔尾每 1.2m 设置 10 个，单渡线部分的宽混凝土块每 1.2m 设置 14 个。

5) 有电缆要求过轨时，一般要求在两轨枕中间位置的道床内预埋过轨管，施工时应有相关专业配合。严禁在辙叉范围内过轨，道岔其余范围过轨时，原则要求每 2 根过轨管需至少间隔两根岔枕，且过轨管内径不得超过 100mm，若有特殊情况，需单独配合。

6) 混凝土振捣完成后，应及时对混凝土暴露面进行紧密覆盖（可采用篷布、塑料布等进行覆盖），尽量减少暴露时间，防止表面水分蒸发。暴露面保护层混凝土初凝前，应卷起覆盖物，用抹子搓压表面至少两遍，使之平整后再次覆盖，此时应注意覆盖物不要直接接触混凝土表面，直至混凝土终凝为止。

5.2　碎石道床、道岔施工

碎石道床、道岔施工工艺流程图、施工现场图见图 5.73~图 5.75。

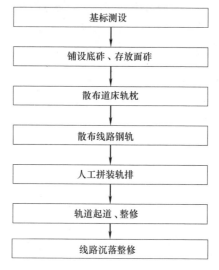

图 5.73　碎石道床、道岔施工工艺流程图

| 图名 | 碎石道床、道岔施工工艺流程 | 图号 | GD5-39 |

图 5.74 碎石道床

图 5.75 碎石道岔

5.2.1 铺设底砟、存放面砟
(1) 工艺流程（图 5.76）

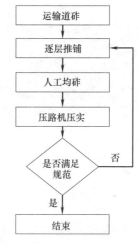

图 5.76 底砟、面砟施工工艺流程图

(2) 现场施工图（图 5.77）

| 图名 | 铺设底渣、存放面渣 | 图号 | GD5-40 |

(a) 道砟摊铺

(b) 枕木摆放

图 5.77 底砟铺设施工现场施工图

(3) 工艺控制要点

① 铺砟利用装载机运输，一次铺足底砟并压实，预铺部分面砟。

② 铺轨前，先上一定数量的道碴，用自卸汽车将道碴运至铺轨地点后，成鱼鳞状堆放，再用装载机推平碾压密实，厚度按压实后比道床设计厚度低 5～7cm 摊铺。

③ 铺底碴：道碴采用汽车运输至施工现场，然后用推土机、平地机及人工将道碴整平。为保护路基，在道碴成型前严禁大型机械在路基上行走。底碴虚铺厚度为 24cm 左右，也可根据现场试铺试验段确定。

④ 底碴碾压：道床碾压选用小吨位自行式振动压路机（ZS06B）。道床分几道碾压，第一道稳压采用低碾压速度（≤2km/h），低频（≤20Hz）和低振幅（≤1mm）的振动碾压或静压，以防止碴粒位置产生过大变化而引起侧向移动；以后几遍碾压参数宜选用碾压速度为 3～4km/h，振动频率 30～50Hz，振幅为 1.5～2mm，碾压时从一侧开始至另一侧结束，并且前后碾压方向相反。

⑤ 铺面碴：底碴碾压合格后，再虚铺面碴，面碴虚铺厚度为 25cm 左右，也可根据现场试铺试验段确定。

⑥ 面碴碾压：面碴碾压施工方法与底碴施工方法基本相同，压路机压实轨下及其两侧各 50cm 范围内的道碴，并以人工配合进行局部整平，直到达到比设计标高低 3～5cm，道床顶面标高误差控制在 −3～0cm。汽车在已成型底碴上行走，为减少对底碴的扰动，底碴和面碴的施工距离为 400m，并低速运行。

5.2.2 轨排拼装

(1) 工艺流程（图 5.78）

| 图名 | 轨排拼装 | 图号 | GD5-41 |

图 5.78 轨排拼装施工工艺流程

（2）现场施工图（图 5.79）

(a) 散布道床轨枕

(b) 螺栓锚固

(c) 扣配件安装

(d) 钢轨安装

图 5.79 轨排拼装现场施工图

（3）工艺控制要点

1）钢轨从存轨基地运至现场，按轨节表逐对散开。木枕由人工用架子车拉运散布，散布枕木时，应根据已测设的线路中桩，用麻线或细铁丝挂好标线，划出轨枕中线，方正轨枕，使二者中线相互吻合。

2）上轨枕时，应在一股钢轨轨腰内侧（曲线在外轨轨腰内侧），用白油漆标出 2.5m 木枕摆放位置，用红油漆按轨节表标出 2.9m 木枕摆放位置，方正木枕，并与轨道中线垂直。

3）锚固作业在施工现场锚固；施工前按照设计提供的配比进行试验，选定适合现场的施工配合比；抗拔试验须满足要求，否则重锚。硫磺锚固浆配合比由实验确定，抗压强度不低于 35MPa，道钉锚固后的抗拔力不低于 60kN。锚固采用特制的锚固架进行正锚，锚固材料必须符合《铁路轨道工程施工质量验收标准》TB 10413—2003 的要求

| 图名 | 轨道起道整修（一） | 图号 | GD5-42（一） |

4）按扣配件型号安装扣件，并用加力杆扳手紧固扣件，使扭矩达到100～120N·m。

5）用起道机起钢轨时，起道机应稳固地安放在道砟上，不得歪斜。起道机松扣下落时，作业人员手脚不得放在钢轨下。起道机用完后，应放在限界以外，严禁留在钢轨旁。

5.2.3 轨道起道整修

（1）工艺流程（图5.80）

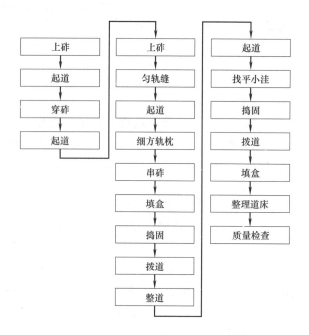

图5.80 轨道起道整修施工工艺流程图

（2）现场施工图（图5.81）

(a) 起道

(b) 轨道状态调整

(c) 捣鼓

(d) 整修

图5.81 轨道起道整修现场施工图

| 图名 | 轨道起道整修（二） | 图号 | GD5-42（二） |

（3）工艺控制要点

1）捣鼓机械作业时，必须事先拆除影响捣鼓的护轨，并应测定轨枕底的道砟厚度，厚度不足150mm时，不应进行捣鼓；曲线上外股超高设置较大时，应分次作业，每次起道超高增加值不得大于30mm。

2）轨道状态调整要求符合一般整体道床要求。

3）线路整修

轨道铺设好一段距离后，对线路进行初步整修，将直线拨直，曲线拨圆顺，并采用顺高低的办法，重点顺平道口，坑洼不平地段，使轨道不忽起忽落。整道时主要做补碴工作，将轨底吊板地段串实。施工采用人工配合小型捣固机进行。

线路整修内容包括起道、拨道、整道与线路的检查。施工内容如下：

① 起道：做到与设计纵断面规定的标高误差不超过＋50mm、－30mm。轨道水平前后高低符合验标规定，轨枕与线路中线垂直，其间距及偏斜误差不大于40cm。

② 找平小洼：使轨面达到平顺。

③ 捣固：做到钢轨接头处无暗坑吊板，其他处无连续暗坑吊板。

④ 拨道：达到直线远视正直，曲线圆顺，达到验标要求。

⑤ 填补轨枕盒内道碴；道碴面比木枕顶面低30cm。

⑥ 整理道床：夯拍道床面，使道床横断面符合设计要求，道床边坡上下边缘整齐并于钢轨相平等。

| 图名 | 轨道起道整修（三） | 图号 | GD5-42（三） |

5.3 无缝线路施工

无缝线路施工工艺流程图见图5.82。

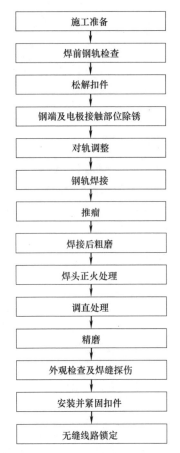

图5.82 无缝线路施工工艺流程图

5.3.1 施工准备
（1）工艺流程（图5.83）

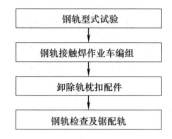

图5.83 施工准备工艺流程图

（2）现场施工图（图5.84）

(a) 钢轨型式试验

| 图名 | 施工准备（一） | 图号 | GD5-43（一） |

(b) 钢轨接触焊作业车吊装就位

图 5.84 施工准备现场施工图

(3) 工艺控制要点

1) 出现下列情况之一时应进行型式试验：

① 焊轨组织初次生产；

② 正常生产后，改变焊接工艺，可能影响焊接接头质量；

③ 更换焊轨设备；

④ 钢轨生产厂、或钢轨型号、或钢轨牌号、或钢轨交货状态改变，首次焊接；

⑤ 生产检验不合格；

⑥ 停产一年后，恢复生产。

2) 型式试验检验的项目及受检试件数量见表 5.1。

型式试验检验的项目及试件数量（个） 表 5.1

外观	超声波探伤	落锤		静弯		疲劳	拉伸	冲击	硬度	显微组织	断口
		移动式闪光焊	固定式闪光焊	轨头受压	轨头手拉						
全部试件	全部试件	15	25	12	3	3	1	1	2	1	15

注：硬度试件 2 个（测试轨面硬度和测试纵断面硬度各 1 个），显微组织检验利用硬度试件，断口检验利用落锤试件。

3) 型式检验受检试件所有钢轨的生产厂、型号、牌号、交货状态应与焊接生产用钢轨相同，受检试件应是相同工艺焊接的接头。

4) 型式检验结果要符合《钢轨焊接第 2 部分：闪光焊接》TB/T 1632.2—2014 中的相关要求的试件为合格试件。静弯受检 15 个试件应连续试验合格；移动式闪光焊落锤受检 15 个试件应连续合格。一次型式检验中，应在各检验项目全部合格后，方可判定本次型式检验合格，型式检验合格后方可批量生产。

5) 型式检验报告中，应明示一下内容：焊轨组织名称、焊机型号、焊机出厂编号、钢轨出厂编号、钢轨生产厂、钢轨型号、钢轨编号、钢轨交货状态、检验设备、详细的检验结果等。

图名	施工准备（二）	图号	GD5-43（二）

5.3.2 钢轨焊前准备

（1）工艺流程（图5.85）

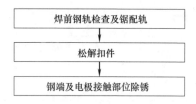

图5.85 焊前准备施工工艺流程图

（2）现场施工图（图5.86）

(a) 焊前钢轨检查及锯配轨

(b) 松解扣件

(c) 钢端及电极接触部分除锈

(d) 打磨除锈轨头

图5.86 钢轨焊前准备现场施工图

（3）工艺控制要点

1）焊轨前对钢轨进行检查，不能只查轨头，头、腰、底都要全面检查。钢轨不得有拱背、硬弯和扭曲，钢轨母材不得有裂纹、白核、杂夹、灰碴等缺陷；轨面不得有折叠结疤、掉块、压痕、划痕损伤。

2）锯、配轨

① 根据无缝线路实际情况调查并编制配轨表，应充分考虑曲线上、下股等情况。

② 锁定焊接需要插入短轨时，插入短轨长度应不小于6.25m，材质与原钢轨相同，焊后应保持原无缝线路技术状态和锁定轨温不变。

③ 锯轨长度公差为10mm，端面不垂直度在垂直和水平两个方向上用角尺检查均不得大于0.6mm。如不能达到要求，则用钢轨端面平磨机对端面进行打磨，直至达到要求。不垂直度过大时，对焊接质量有较大影响。

图名	钢轨焊前准备	图号	GD5-44

设备：锯轨机、钢轨端面平磨机、角尺、塞尺。

3）钢端及电极接触部位除锈

① 焊接钢轨轨腰打磨，在距离轨头 700mm 范围内应用直向式电动砂轮机进行除锈打磨，打磨后应有金属光泽，不得有锈斑，打磨深度不得超过母材 0.2mm；钢轨端部 600mm 范围内，有出厂标志的，应用砂轮机打磨至与轨腰平齐，不得有任何凸出，以防损伤钳口；同时不能伤损母材。

② 焊接钢轨断面垂直度打磨，对焊接钢轨端面应用宽座角尺和塞尺进行垂直度检查，凡不垂度超过 0.5mm 的，均应用钢轨端面打磨机进行端面打磨直至满足焊接要求。

③ 进行钢轨打磨作业时，操作人员应佩戴好护目镜。

④ 凡进行打磨后的钢轨，待焊接时间不得超过 24h 并不得被油水玷污；否则应重新按照要求进行打磨。

4）钢轨焊接前安全注意事项：

① 在焊接操作前，应将所有可燃烧材料清理出工作区；

② 在焊接前，焊机必须进行可靠接地；

③ 焊接前，消防器材应放在方便可拿的地方。

5.3.3 钢轨焊接

（1）工艺流程（图 5.87）

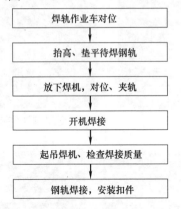

图 5.87 钢轨焊接施工工艺流程

（2）现场施工图（图 5.88）

(a) 焊轨作业车对位　　(b) 抬高待焊钢轨

| 图名 | 钢轨焊接（一） | 图号 | GD5-45（一） |

(c) 垫平待焊钢轨　　　　(d) 放下焊轨机对位、夹轨

(e) 开机焊接　　　　(f) 推瘤处理

图 5.88　钢轨焊接施工现场施工图

(3) 工艺控制要点

1) 将钢轨用齿条式压机提起，然后在距待焊接头（动轨接头）3m、10m 处钢轨下垫滚轴，减轻焊接时钢轨的拖动摩擦力；在钢轨末端 3m 处用三脚架配合链条葫芦将钢轨提起，形成向焊机方向有一定的夹角，减少焊机钳口的顶锻力，从而保证接头焊接质量；根据焊接时两待焊接钢轨头之间的距离将减小动轨向焊机方向窜轨，达到两轨头间距为 1mm 时，将其垫平、基本对齐；焊机钳口夹住接头时，接头不能出现高低错牙。

2) 将焊机运行至定轨的合格施焊位置处，放置铁鞋，同时伸出焊机平板牛腿稳固；对柴油发电机进行预热，然后合上电闸给焊接设备供电。

3) 开机焊接

① 将打磨好的待焊接的钢轨放平整，使轨头的间距在 3mm 以内；调整焊机机头的方位，使其位于待焊接接头正上方。

② 利用内置的推瘤刀进行推瘤，提升焊机直至完全离开钢轨焊接接头，除去推瘤的焊渣。

4) 焊完后焊机缩回放到平板车的平台上，同时收起牛腿，取出铁鞋，焊机运行至下一待焊接头处，准备焊接。

5) 钢轨焊接过程中安全注意事项：

① 所有焊接生产作业人员必须经专业培训合格后，持证上岗；

② 焊接生产必须在有接触焊接专业技术人员在场；

③ 焊接操作人员必须熟悉《电气安全规则》；

④ 焊接操作人员必须脚穿绝缘鞋、手戴绝缘手套；

⑤ 焊接操作时，在场人员应戴护目镜。

| 图名 | 钢轨焊接（二） | 图号 | GD5-45（二） |

5.3.4 钢轨打磨及正火探伤处理

(1) 工艺流程（图 5.89）

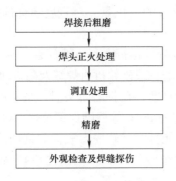

图 5.89 钢轨打磨及正火施工工艺流程图

(2) 现场施工图（图 5.90）

(a) 粗磨

(b) 正火机正火

(c) 氧气、乙炔正火

(d) 精磨

(e) 平直度检查

| 图名 | 钢轨打磨及正火探伤处理（一） | 图号 | GD5-46（一） |

(f) 外观检查及焊缝探伤　　　(g) 紧固扣件

图 5.90　钢轨打磨及正火探伤现场施工图

(3) 工艺控制要点

1) 焊后接头正火

正火的目的：消除由于焊接热循环而产生的热影响，改善焊接接头的综合机械性能，使焊接热循环过程形成的晶粒细化、提高韧性，改善改善焊接残余应力的分布。焊后热处理的正火影响对接头起着决定性作用。

① 当焊接接头焊后温度自然冷却到 500～600℃ 之间，然后用氧气-乙炔正火机将焊缝加热到 850～880℃（加热器应沿焊接接头纵向摆动量 7～10cm），再自然冷却。正火时应严格控制温度，并采用红外线测温仪控制。

② 正火时，应对氧气、乙炔的压力进行记录；正火时间及正火温度应该严格控制并做好相应记录；加热器在正火时的摆动距离及频率也应做好记录。

2) 焊接后调直、打磨

① 调直，待焊缝正火完，温度降低到 300℃ 以下时，采用数字式钢轨直度测量尺对钢轨进行直度检测，钢轨在焊缝前后各 1m 范围内，水平弯曲度不应大于 0.3mm/m（以作用面一侧测量为准），垂直弯曲度不大于 0.5±0.3mm（以轨顶面测量为准）。焊缝部位在热影响下有 0.5～1.0mm 的上拱量。对直度超标的应用钢轨调直机进行调整。

② 焊后打磨可以分成粗打磨和精细打磨。

粗打磨：利用角磨机或砂轮机对焊缝及附近轨头顶面、侧面、轨底上表面和轨底进行打磨；在打磨轨头时，平直度在焊缝两侧各 1m 范围内基本符合 0～0.5mm；焊缝踏面部位热态时呈 0.5～1.0mm 的上拱量，在常温下不能打亏；轨底上表面焊缝两侧各 150mm 范围内及距离两侧轨底角边缘各为 35mm 范围内应打磨平整；用砂轮打磨凸出量必须顺向打磨，严禁横向打磨。

用仿形打磨机进行打磨时，进刀量不得超过 0.2mm，打磨机沿钢轨纵向往复移动，待无火花时，再适当给进刀量；打磨机从轨顶逐渐向轨侧摆动，直至完成对钢轨轮廓的仿形打磨。为提高磨削效率，在该阶段可以选择深切、快移打磨。打磨时不准冲击和跳动，对母材的打磨深度不得超过 0.5mm；打磨面不得发黑、发蓝而应平整有光泽。

精细打磨：精细打磨时，用扁平锉或细砂皮纸纵向打磨，打磨要平顺圆滑，不得留有棱角，各个面上的误差应严格控制在 0.3‰ 之内；焊接头在尺寸误差范围内以 1‰ 顺坡处理，其余部分应圆顺，不准有突变、夹角和啃伤等缺陷；轨顶打磨完毕用 1m 直尺测量误差不得超过 0.3mm。

当用打磨机进行时，应选择较小的切削深度并沿钢轨纵向缓慢移动，从而提高表面光洁度。

3) 钢轨打磨及正火过程中安全注意事项：

① 检查砂轮机罩、砂轮机插头，动力电缆等有无裂纹、漏电处，然后进行空载试用，如发现异常应立即切断电源；

| 图名 | 钢轨打磨及正火探伤处理（二） | 图号 | GD5-46（二） |

② 用砂轮机打磨时，不能用力过猛，以免碰裂砂轮片飞出伤人；
③ 严禁用砂轮机侧面打磨钢轨；
④ 在移动冷却水管对钢轨降温时应防止被烫伤；
⑤ 清理钳口上的焊接残留物时应注意避免高温烫伤；
⑥ 操作时，只能手握操作柄，防止拉电缆、冷却水管及液压油管。

4) 焊接接头超声波探伤，作业前，必须用标准试块对探伤仪及探头进行检验，处于完好状态方可使用。

每个钢轨焊头均应进行超声波探伤。探伤前应将焊缝处温度降低到50℃以下，冷却可以用浇水法进行，但浇水前钢轨温度不得高于250℃。在经打磨过的焊接钢轨轨底、轨腰、轨头上均匀涂抹探伤耦合剂，然后用2.5MHz超声波对轨头、轨腰及轨底进行探伤。探伤结果不得有未焊透、过烧、裂纹、气孔、夹渣等有害缺陷。同时作好增益衰减和细度衰减的记录。

5) 焊机焊完钢轨接头后，清扫干净钳口上的焊渣，做到工完料清。焊接接头经过超声波探伤确定完全没有缺陷，判定为合格后，方能去掉垫在钢轨底的辊轴。

5.3.5 无缝线路锁定
（1）工艺流程（图5.91）

图5.91 无缝线路锁定工艺流程图

（2）现场施工图（图5.92）

(a) 测量位移观测桩

| 图名 | 无缝线路锁定 | 图号 | GD5-47 |

(b) 埋设观测桩

图 5.92 无缝线路锁定现场施工图

（3）工艺控制要点

1）当现场实际轨温达到设计锁定轨温时，将钢轨放入承轨槽，及时上紧扣件，锁定单元长轨节。单元轨节落槽时，在锁定的同时将它与上一个单元焊接起来，连续锁定下一个单元轨节，组成超长无缝线路。同时准确确定并记录锁定轨温。

2）设置位移观测桩：线路锁定后及时设置位移观测桩，并在相应位置的钢轨轨腰做好观测标记，定时观测钢轨变化情况。

3）钢轨锁定时有以下几种情况：

① 当轨温在设计锁定轨温范围内，此时对钢轨进行锁定，并注意线路水平、方向、正矢。

② 当实际锁定轨温低于设计轨温时，根据温度差计算钢轨伸长量，然后利用钢轨应力调整器将钢轨拉伸到设计长度后，再进行锁定。

③ 锁定轨温高于设计轨温时，一定要待轨温降低至设计轨温时再锁定，可先临时锁定，待轨温降低至设计轨温时松开扣件，放散钢轨应力后再重新锁定。

5.4 线路及信号标志安装

5.4.1 线路标牌安装

（1）工艺流程（图 5.93）

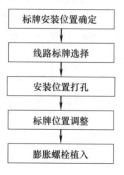

图 5.93 线路标牌安装工艺流程图

| 图名 | 线路标牌安装 | 图号 | GD5-48 |

（2）现场施工图（图5.94）

(a) 控制基标

(b) 曲线要素标

(c) 道岔编号标

(d) 百米标

图5.94 线路标牌安装现场施工图

（3）控制要点

① 为了确保运输安全，增加标志的显示距离，采用Ⅲ类反光膜作为标志面，标牌底板采用外加封闭涂料的铝合金板制造，厚度3mm。图案及字样采用与反光材料相适应的油墨印刷。单面标牌的背面使用白色油漆喷漆。

② 标牌均安装列车运行方向的右侧（如果站内为侧式站台则安装在左侧），停车位置标标志中心距钢轨顶面2m高，坡度标、曲线及圆曲线始终点标、曲线要素标、竖曲线标、百米标、站名标及进站预告标、限速及取消限速标、道岔预告标标志中心距钢轨顶面1.5m高。道岔编号标、警冲标装在整体道床上。

③ 标牌所采用数字、汉字写法采用黑体。

④ 须挂设于侧墙的标志采用M6或M12膨胀螺栓固定。

⑤ 标牌悬挂挂设高度，均为标志中心至轨面。

5.4.2 线路标识刷写

（1）工艺流程（图5.95）

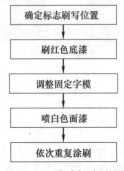

图5.95 线路标志刷写

（2）现场施工图（图5.96）

| 图名 | 线路标识刷写（一） | 图号 | GD5-49（一） |

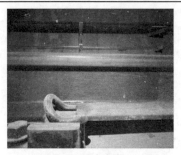
(a) 涂刷红色底漆

(b) 调整固定字模

(c) 喷白色面漆

(d) 依次重复涂刷

图 5.96 线路标识刷写现场施工图

(3) 工艺控制要点
1) 各部位数字、汉字必须按照要求字号刷写，大小一致。
2) 所有标识必须按要求涂刷底漆，底漆为长方形，四边要平直，四角必须垂直，不允许有毛边和圆角。
3) 数字间距和上下边要整齐，无油漆外滴、流动。
4) 线路标识涂刷新前，要铲除外部干裂漆膜，保证刷新质量。

5) 红色底漆要浓厚反复油刷不少于两遍，底漆要方正，字样要整齐美观。统一采用宋体加粗，字体尺寸为 60mm×42mm，标志为红底白字（表 5.2）。

标识刷写主要类型 表 5.2

类型	简 介
钢轨轨号	正线钢轨编号按里程增加方向进行编排。线路钢轨标志每公里从 1 号轨开始排到下一公里标志牌，到公里标志牌后不管是否到 40 号轨都从 1 号轨重新编排。每公里 25m 钢轨不得超过 40 号轨，遇到插入短轨按短轨前一根钢轨编号后加"—1"。冻结接头按正常轨号排序，轨号前加"D"
曲线标志	曲线正矢点按从中间向两边设置，各桩钢轨标志按照行车方向命名(场段曲线各桩按轨号增加方向命名)，直缓桩标志:ZH;缓圆桩标志:HY;曲中桩标志:QZ;圆缓桩标志:YH;缓直桩标志:HZ,对应各桩点在曲线上股钢轨内侧轨腰上以红底白字标记，正线曲线各桩(五大桩)标志在隧道壁上位置与钢轨标志位置相对应
道岔标志	道岔标识轨距按技术要求标记在外直、外曲钢轨内侧相应轨腰上;支距在外直钢轨非工作边;在查照间隔、护背距离的检测部位，标记在辙叉翼非作用面上(岔心两侧都标,护轨上不做标记);在护轨内侧印刷开口段和平直段距离

注：具体表示样式根据地铁运营公司实际要求进行刷写。

| 图名 | 线路标识刷写（二） | 图号 | GD5-49（二） |

5.5 线路整修

线路整修主要内容见图5.97。

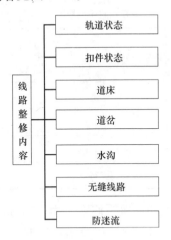

图5.97 线路整修主要内容

5.5.1 轨道状态检查及整修
(1) 主要内容（图5.98）

图5.98 轨道状态检查及整修主要内容

(2) 现场施工图（图5.99）

(a) 轨距水平复测　　　　(b) 正矢复测

| 图名 | 轨道状态检查及整修（一） | 图号 | GD5-50（一） |

(c) 起道　　　　　　(d) 更换绝缘轨距块

图 5.99　轨道几何状态检查及整修现场施工图

（3）整修方案及说明

1）轨距

整改说明：按设计要求的轨距：1435mm，±2，变化率≥1‰的要求进行整改，对于轨距偏差小的可采用调整垫板、扣件、吃公差的办法，通过锁定一股，调整另一股的方式进行调整。对于轨距偏差较大的通过打磨垫板的办法调整。注意设计轨距加宽值：150m≤曲线半径≤200m，轨距加宽 5mm；100m≤曲线半径≤150m，轨距加宽 10mm。

① ZX-3 型扣件调整方法（表 5.3）

ZX-3 型扣件调整轨距方法表　　表 5.3

一股钢轨调整量	钢轨外侧使用轨距垫号码	钢轨内侧使用轨距垫号码
0	8	10
+2	6	12
+4	6	12
-2	10	8
-4	10	8
-6	12	6

根据上表 ZX-3 型扣件轨距调整量为+24mm、-28mm。所以如增加轨距需采用"外 12 内 6"的方法，以及通过轨距调整片（即锯齿块）进行调整，锯齿块每挡为 3mm，每块扣件横向调整量为±9mm，轨距调整量为±18mm。

| 图名 | 轨道状态检查及整修（二） | 图号 | GD5-50（二） |

② 压缩型减振扣件轨距调整方法（表5.4）

压缩型减振扣件调整轨距方法表　　表5.4

一股钢轨调整量	轨距垫号码		铁垫板位置
	钢轨外侧	钢轨内侧	
0	8	10	"△"端在钢轨外侧
+2	6	12	"△"端在钢轨外侧
+4	6	12	"△"端在钢轨外侧
-2	10	8	"△"端在钢轨外侧
-4	10	8	"△"端在钢轨外侧
-6	12	6	"△"端在钢轨外侧
-8	12	6	"△"端在钢轨外侧

根据上表压缩型减振扣件轨距调整量为+24mm、-28mm。所以如增加轨距需采用"外12内6"的方法，以及通过轨距调整片（即锯齿块）进行调整，锯齿块每挡为3mm，每块扣件横向调整量为±9mm，轨距调整量为±18mm。

2）方向

① 线路存在小弯、钢轨硬弯

整改说明：钢轨硬弯采用弯轨器弯折，线路方向存在问题的根据具体情况进行整改。

② 直线方向采用10m弦量不大于2mm，如存在超标，则先将一股轨道方向调整到位，另一股道通过轨距控制。

③ 曲线方向通过20m弦量正矢，测量结果超出《铁路轨道工程施工质量验收标准》TB 10413—2003中的表7.7.4-2曲线20m弦正矢容许偏差，则需通过调整轨距块或锯齿块的方法调整曲线外股方向，曲线内股通过轨距控制。

3）水平

整改说明：对线路水平超过规范要求（2mm）的采用不同高度的调高垫板调整（根据实际情况确定调高垫板厚度）。在延长18m的距离范围内应无大于2mm的三角坑。

① ZX-3型扣件水平调整量一般为+20mm；

② 压缩型减振扣件水平调整量一般为+20mm。

4）高低

轨顶高低差：用10m弦量不大于2mm。

线路三角坑整改说明：采用将低坑垫起（采用调高垫板）的办法调整，调整后符合规范要求。

5）扭曲

一般通过调整轨底坡的方法进行调整。

6）轨底坡

允许偏差为：1/30～1/50。

7）主要技术标准

以上调整的项目严格按照如表5.5～表5.7进行调整。

图名	轨道状态检查及整修（三）	图号	GD5-50（三）

无砟轨道整道允许偏差和检验方法 表5.5

序号	项目		允许偏差(mm)	检验方法
1	轨距		±2	万能道尺量
2	轨向	直线(10m弦量)	≤2	
3		曲线	见下表4.7.4	尺量
4	水平		2	万能道尺量
5	高低(10m弦量)		2	尺量
6	扭曲(基长6.25m)		2	万能道尺量

曲线20m弦正矢容许偏差 表5.6

曲线半径(m)	缓和曲线正矢与计算正矢差(mm)	圆曲线正矢连续差(mm)	圆曲线正矢最大最小值差(mm)
≤650	3	6	9
>650	3	4	6

无砟轨道静态几何尺寸允许偏差 表5.7

序号	检查项目		允许偏差(mm)
1	轨道中线与设计中线差		±3
2	线间距		±20（正线线间距为4.0m时，不允许有负误差）
3	高程		±2
4	接头	错牙、错台	1
		接头相错量	40(曲线加缩短轨缩短量的一半)
5	轨枕	间距	±10
		轨底坡	1/30～1/50

图名	轨道状态检查及整修（四）	图号	GD5-50（四）

5.5.2 扣件状态检查及整修
(1) 主要检查内容（图 5.100）

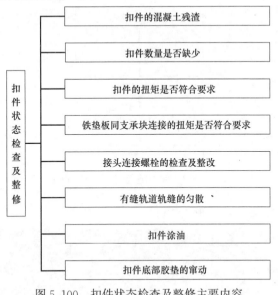

图 5.100 扣件状态检查及整修主要内容

(2) 整修要求：

1) 扣件的混凝土残渣的清理

整改说明：在混凝土施工中部分扣件污染严重，要求对污染的扣件进行清理，确保弹条、扣件螺栓、垫板上的清洁。

注意：尤其是浮置板地段，在更换铁垫板橡胶垫时，垃圾容易进入螺栓孔，造成大螺栓无法拧入。

更换橡胶垫时，发现尼龙套管突出混凝土面大于 12mm 以上，则应加 3mm 橡胶垫填调整，大于 15mm，应加 5mm 橡胶垫调整，严禁出现铁垫板吊空。

2) 扣件是否缺少及数量

整改说明：对调查出的缺少的扣件进行补充。

根据以往经验，轨道焊接完成后，在线路锁定过程中会出现弹条扣件的丢失，因此在线路整修前，必须先对线路扣件情况进行调查，根据扣件缺失数量，携带扣件，在整修过程中，将扣件补齐。

3) 扣件的扭矩是否符合要求（钢轨同铁垫板的扣件连接）

要求扣件正、靠、紧，达到三点接触，扭矩大于 120N·m。

整改说明：无缝线路一般要求对扣件扭矩大于 120N·m，外观应以弹条中部压紧轨距挡板为准，对不符合要求的进行线路复紧。

4) 铁垫板同支承块连接的扭矩是否符合要求（铁垫板同支承块、轨枕的连接）

整改说明：ZX-3 型扣件扭矩大于 200～250N·m，外观应以大螺栓下弹簧垫圈压平为准。

5) 接头连接螺栓的检查及整改

① 道岔岔前、岔后缓冲区接头螺栓扭矩为 1200～1400N·m，辅助线轨道、道岔渡线轨道要求接头螺栓扭矩大于 900N·m。

② 注意地下线道岔前后设置"1 轨 2 缝"的伸缩区，伸缩区为有缝线路轨道。接头螺栓垫圈使用弹性防松垫圈《钢轨接头用弹性防松垫圈》TB/T 2348—1993，注意垫圈的开口方向。

③ 注意辅助线及道岔间渡线轨道使用高强平垫圈《钢结构用高强度垫圈》GB/T 1230—2006。

④ 钢轨连接接头轨顶面、工作面的错牙不得大于 1mm。

| 图名 | 扣件状态检查及整修 | 图号 | GD5-51 |

6) 有缝轨道轨缝的匀散

地下线道岔前后伸缩区、辅助线轨道及正线道岔采用有缝轨道，轨缝应均匀，满足设计检算轨缝。

一般要求道岔前后缓冲区的轨缝为 8mm。如现场存在误差，则按规范规定：不得出现连续 3 个及以上瞎缝，最大构造缝不得大于 18mm。

7) 扣件涂油

对未做防腐的扣件（如道岔的扣件）进行涂油防腐，螺母、T 形螺杆部分要求采用长效油脂涂抹（尤其螺杆根部）。

8) 扣件底部胶垫的窜动

检查底部大胶垫是否窜动，并对窜动的胶垫松开扣件，进行整修。

5.5.3 道床整修

道床整修分为三个主要内容（图 5.101）。

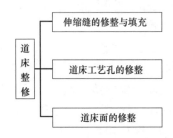

图 5.101 道床整修主要内容

5.5.3.1 伸缩缝修补工艺流程

(1) 工艺流程（图 5.102）

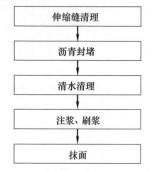

图 5.102 伸缩缝修补工艺流程图

(2) 现场施工图（图 5.103）

(a) 沥青封堵

| 图名 | 道床整修（一） | 图号 | GD5-52（一） |

(3) 工艺控制要点

伸缩缝的整修与填充：

① 伸缩缝应顺直，确保沥青不悬空。

② 填充沥青之前应先将伸缩缝清理干净。

③ 伸缩缝的沥青填充必须满足图纸及相关的技术规范。

④ 伸缩缝填充沥青时必须保证两侧的混凝土强度符合设计要求。

⑤ 填充沥青膏的时候，伸缩缝的两端需要用透明胶带封住，防止沥青膏流出，造成沥青层表面不均匀。

⑥ 伸缩缝两侧若有细小裂纹，采用涂刷掺和黏性材料的水泥浆处理。

5.5.3.2 工艺孔整修工艺流程

(1) 工艺流程（图5.104）

(b) 清水清理

(c) 注浆、刷浆

(d) 工艺孔修补

(e) 伸缩缝修补

图5.103 伸缩缝整修现场施工图

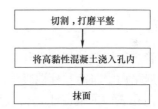

图5.104 工艺孔整修施工工艺流程图

| 图名 | 道床整修（二） | 图号 | GD5-52（二） |

(2) 现场施工图（图 5.105）

(a) 注入混凝土

(b) 抹面

图 5.105 工艺孔修补现场施工图

(3) 工艺控制要点

道床工艺孔的整修：

1) 对高出的塑料管进行切割并打磨平整。
2) 填充工艺孔一般采用膨胀高黏性混凝土。
3) 填充后需对工艺孔表面的混凝土进行收面，要求道床面整体平整。

5.5.3.3 道床面整修工艺流程

(1) 工艺流程（图 5.106）

图 5.106 道床面整修施工工艺流程图

(2) 现场施工图（图 5.107）

图 5.107 道床面整修现场施工图

(3) 控制要点

道床面的整修：

1) 混凝土强度应符合设计要求，并无蜂窝、麻面和漏振。表面清洁，平整度允许偏差为 3mm，变形缝直顺，在全长范围内允许偏差为 10mm。

2) 外露轨枕或短轨枕、接触轨顶制底座的棱角应完整无损伤，预埋件位置正确。

3) 水沟直顺；沟底坡与线路坡度一致并平顺，流水畅通，允许偏差为：水平度偏差：-10mm～+10mm；垂直度偏差：3mm。

4) 混凝土轨枕及短轨枕和接触混凝土底座等预制构件制作应方正、平整、棱角顺直，强度要符合设计要求。

| 图名 | 道床整修（三） | 图号 | GD5-52（三） |

5.5.4 道岔

60kg/m-9号单开道岔状态检查记录表见表5.8。

60kg/m-9号单开道岔状态检查记录表

表5.8

序号	检测项目	标准尺寸(mm)	实测(mm)	序号	检测项目	标准尺寸(mm)	实测(mm)
1	道岔始端	1435(+2,-1)		24	尖轨其余台板与轨底缝隙(直、曲)	缝隙≤1.0	
2	尖轨尖端	1445(±1)		25	曲尖轨第一拉杆前与直基本轨贴	缝隙≤0.2	
3	直线尖轨轨头刨切起点处两基本轨轨距(距尖轨尖端4527mm)	1506(+1,-1)		26	曲尖轨其余部分与直基本轨密贴	缝隙≤1.0	
4	尖轨中部直股	1435(+2,-1)		27	曲尖轨底与台板间缝隙	缝隙≤1.0	
5	尖轨中部曲股	1440(+2,-1)		28	距尖轨跟端处支距	316	
6	尖轨根部直股	1435(+2,-1)		29	距尖轨跟端2m处支距	434	
7	尖轨根部曲股	1440(+2,-1)		30	距尖轨跟端4m处支距	572	
8	导曲线中直股	1435(+2,-1)		31	距尖轨跟端6m处支距	751	
9	导曲线中曲股(无反超高)	1440(+2,-1)		32	距尖轨跟端8m处支距	910	
10	导曲线后直股	1435(+2,-1)		33	距尖轨跟端10m处支距	1108	
11	导曲线后曲股(无反超高)	1440(+2,-1)		34	距尖轨跟端11.311m处支距	1250	
12	辙叉趾直股	1435(+2,-1)		35	尖轨跟端直尖轨与曲基本轨支距	323	
13	辙叉趾曲股	1435(+2,-1)		36	直/曲护轨轮缘槽宽	42(+1,-0.5)	
14	辙叉心直股	1435(+2,-1)		37	直/曲股护轨轮缘槽(开口)宽	65,80(±2)	
15	辙叉心曲股	≥1391,≤1348		38	轨面高低(10m弦)	平顺 ±2	
16	辙叉跟直股	1435(+2,-1)		39	岔头、岔尾接头相错量	≯10	
17	辙叉跟曲股	1435(+2,-1)		40	扣件齐全密靠,离缝1mm者	≯6%	
18	尖轨第一/二联结杆动程	160/70		41	接头错牙	≯1	
19	尖轨顶面高基本轨顶面6mm,尖轨顶宽分别为50/35/20/5处	2/顶平/-2/-12.5/-23		42	道岔全长	±20	
20	直尖轨第一拉杆前与曲基本轨密贴	缝隙≤0.2		43	轨距/支距拉杆安装	符合规定	
21	直尖轨其余部分与曲基本轨密贴	缝隙≤1.0		44	支撑架/支墩设置	符合规定	
22	直尖轨与曲基本轨间顶铁缝隙	缝隙≤1.0		45	其他(直线顺直/曲线圆顺)	目视	
23	尖轨各牵引点前后各一块台板与轨底缝隙(直、曲)	缝隙≤0.5		46	支承块间距	±5	

图名	道床整修(四)	图号	GD5-52(四)

5.5.5 水沟混凝土浇筑

(1) 工艺流程（图5.108）

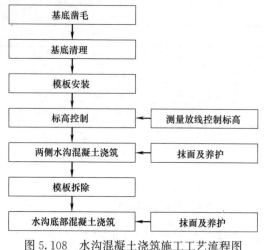

图5.108 水沟混凝土浇筑施工工艺流程图

(2) 整体道床排水分为以下几种形式：

1) 中心水沟：用于梯形轨枕道床及两端道床排水。

2) 侧沟：地下线一般地段长轨枕整体道床和道岔整体道床采用双侧排水沟，用以排除消防用水、结构渗漏水和轨道冲洗水。圆形隧道水沟沟底距离轨顶440mm，水沟宽度一般为200mm。水沟外侧混凝土应延伸至结构边墙。

3) 矩形水沟：矩形及马蹄形隧道水沟断面一般为矩形。其水沟宽度一般为200mm，沟底距轨顶高度为440mm；道岔区水沟宽度为300mm，沟底距轨顶高度为500mm。不同水沟断面之间应进行衔接过渡，过渡长度一般为2m。

4) 集水井和横向排水沟：

区间旁通道需要设置集水井及横向过轨排水沟。横向排水沟宽度为200mm，在两根轨枕之间设置，坡度≥5‰，困难情况下不小于2‰；集水井尺寸为680mm×380mm，深度≥500mm。

5) 道岔区排水：

有岔车站普通地段及道岔道床地段设矩形双侧水沟，宽度为300mm，水沟地面水沟标高以轨道中心线轨面标高为基准，距轨顶的高度均为500mm，为防止道岔转辙机基坑积水，纵沟进入道岔转辙机基坑前设置横截沟，将水引向另一侧排水沟，横截沟宽度为200mm，横沟为平坡。道床水沟在转辙机安装基坑前通过横沟汇入基坑对向侧沟，转辙机安装基坑横向沟槽与侧沟之间埋设ϕ50mm的200mm长PVC管，转辙机处安装基坑横向沟槽深度距轨顶面不小于450mm，且由转辙机基坑向侧沟方向做成2‰~3‰的横坡。

(3) 排水设计要求

1) 水沟设计要求：

线路两侧纵向水沟与线路纵坡一致，最小纵坡不小于2‰，若泵站不在线路最低点，应以泵站为起点作$i=2‰\sim3‰$反坡，使排水顺畅。

纵向水沟与横向水沟交汇处设集水井：为确保排水顺畅，纵沟沟底标高应高于横向排水槽沟底标高。

2) 其他设计要求

车站道岔区横向排水沟位置应当避开钢轨接头。

| 图名 | 水沟混凝土浇筑（一） | 图号 | GD5-53（一） |

除车站废水泵站外,区间废水泵站集水井一般设在线路最低点上,个别地段未设于线路最低点处,不能顺坡接入集水井时,排水沟做反坡处理。

圆形盾构隧道与矩形隧道分界处设人防门,人防门下由土建单位埋设一段DN150镀锌钢管进行排水,以便连接人防门内外道床排水沟。

(4)现场施工图(图5.109)

(a)水沟模板安装

(b)水沟两侧混凝土浇筑

(c)标高控制

(d)水沟底部混凝土浇筑

图5.109 水沟浇筑现场施工图

(5)工艺控制要点
1)模板安装
①水沟模板施工技术要求:加工水沟模板采用钢模板。安装水沟模板应满足设计图纸及相关技术交底要求,由轨顶面作为基准面,调整模板高度。

②模板安装须平顺,位置正确,并牢固不松动。模板安装质量要求:以模板内侧面为基准,位置偏差不大于±3mm,垂直度偏差不大于2mm,表面不平整度不大于2mm,高程误差不大于±5mm。

③浇筑时,水沟模板支架应稳定,无松动、跑模、下沉、上浮等现象,若出现立即进行加固处理。

2)区间普通整体道床排水
直线地段沟底距轨道中心线轨顶面距离为440mm,长轨枕中部800mm位置应和道床面高度平齐,道床面两侧设3‰的横向排水坡,水沟外侧采用3‰的坡度向纵沟排水,轨枕承轨面应高出道床面30～40mm。

曲线地段沟底距轨道中心线轨顶面440mm,曲线地段轨枕面横向排水坡度与超高相同,水沟外侧采用3‰的坡度向纵沟排水,轨枕承轨面应高出道床面30～40mm。

3)车站范围内道床排水
车站范围内水沟均采用双侧矩形水沟,水沟内边距轨道中心1400mm,水沟宽度为200mm,沟底距轨顶面为440mm,有道岔的车站水沟沟底轨道中心线距轨顶面为500mm。

车站集水井位置应设宽200mm的横向水沟,将纵向水沟的积水排入集水井。横沟坡度保证≥5‰,困难情况下横沟坡度≥2‰。在个别车站纵向水沟与横向水沟交汇处设集水井(集水井长宽为380mm×400mm,深度不小于500mm)。在积水坑上设置进水箅子,并在集水井入口处安装格栅,以免杂物堵住进水口。

| 图名 | 水沟混凝土浇筑(二) | 图号 | GD5-53(二) |

4) 道岔区道床排水

道岔区整体道床两侧采用300mm矩形纵向水沟，沟底距轨顶面距离为500mm，水沟排水方向根据线路纵坡确定。

纵沟进入道岔转辙机基坑前应设置横截沟，将水引入另一侧水沟，横沟宽度为200mm，坡度为平坡。过轨横沟应避开道床伸缩缝，并距转辙机位置不少于3个枕位，且不能设置反坡。为避免转辙机坑积水道岔两侧水沟在转辙机沟槽位置至少低50mm。

各有道岔车站均有对应的排水施工图，整体道床施工时，应对照做排水图纸施工。

5) 施工注意事项

① 横沟距两轨枕距离相等，设置在两轨枕中间位置。

② 集水坑、横沟位置应根据车站、区间废水管施工后的位置确定。

③ 部分车站泵房附近水沟纵坡较小时，沟底抹平时严禁出现反坡。

④ 在不同地段衔接处水沟应做好顺坡，以利排水，不应出现反坡。

⑤ 水沟模板直（圆）顺；沟底坡与线路坡度一致，流水通畅。

⑥ 浇筑前水沟钢模板须涂油，便于拆模和保证水沟表面光滑。

5.5.6 无缝线路

（1）工艺控制要点

1) 焊接钢轨时，需拆除焊头两边各一个扣件，将螺钉孔进行临时封堵，防止垃圾进入。焊轨及正火过程中，注意对扣件的保护，尤其是压缩型减振器扣件属于橡胶制品，极易受损，应轻拿轻放，拆下后远离明火。

2) 焊接接头外观尺寸检查

轨顶面用1m直尺量，焊缝处不得凹下，高出相邻轨面不得大于0.3mm。中间拱度不大于0.5mm，轨头工作侧用1m直尺量，中间凸凹应不大于0.4mm。轨底应打磨平，防止扣件落入支承块垫板上，影响线路轨道几何尺寸。具体见表5.9。

焊接接头平直度允许偏差　　　　表5.9

序号	项目	允许偏差(mm)
1	轨顶面	0～0.3
2	轨头内侧工作边	±0.3
3	轨底	0～0.5

整改说明：要求对超标的焊接接头进行整改，母材打磨量不超过0.5mm，对于平直度超标的焊接接头，可采用设备调整或切掉重新焊接。

3) 位移观测桩的检查

如发现接头位移观测桩200m范围内相对位移量超过10mm或任何一个位移观测桩位移量超过20mm时，应认真分析其产生的原因，采取切实可行的相应措施来处理。

4) 扣件整正时，采用"隔二松一"的流水作业，当日回检时，拧紧螺母，使之达到规定扭力要求。

图名	无缝线路	图号	GD5-54

(2) 现场施工照片（图 5.110）

(a) 钢轨轨顶面检查

(b) 钢轨轨头内侧工作边检查

图 5.110 钢轨接头外观尺寸检查现场施工图

5.5.7 端子检查

(1) 检查排流端子及测量端子是否漏埋

整改说明：对未设置的排流端子及测量端子要凿除混凝土并露出钢筋，并按照杂散电流技术交底中的说明进行焊接测量端子，道床修复采用特殊工艺，采用同强度等级混凝土。

(2) 检查排流端子及测量端子是否被破坏

整改说明：在日常的线路检查过程中发现有被破坏的排流端子和测量端子时，及时做好记录，并安排人员进行修复。

图 5.111 为端子连接示意图。

图 5.111 端子连接示意图

| 图名 | 端子检查 | 图号 | GD5-55 |

6 施工安全管理

6.1 安全管理概述

轨道工程施工作为城市轨道交通建设承上启下的环节，不同于一般房建施工，存在通信不便、施工作业面狭小、照明不足、交叉作业多、接口关系复杂等特性，在施工工程中存着难以辨识的风险源，安全隐患多。给轨道施工安全管理带来了很大的难度，给城市轨道交通建设安全提出了挑战。城市轨道交通一旦发生安全事故，其社会影响力、经济影响力将十分巨大。

轨道施工的主要区域为车辆段和盾构区间。基地安全管理，涉及施工用水、用电、材料存放、装卸及搬运、车辆基地交叉施工等诸多方面；轨行区安全管理方面，涉及轨行区施工调度、行车运输及轨行区作业等诸多方面。其中轨行区安全管理是轨道施工安全管理的核心。

6.1.1 轨道施工安全管理的特点
轨道施工安全管理特点见图 6.1。

图 6.1 轨道施工安全管理特点

（1）作业单位多、交叉作业多

进入轨行区作业的有人防、信号、通信、消防、FAS、接触网、通风及供电等专业单位，施工过程中存在诸多交叉作业，安全管理难度大，见图 6.2、表 6.1。

| 图名 | 轨道施工安全管理的特点（一） | 图号 | GD6-1（一） |

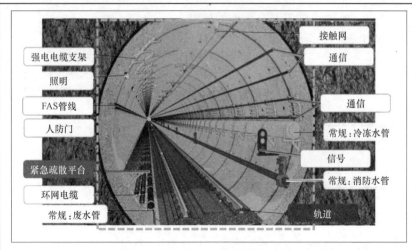

图 6.2 轨行区施工作业单位示意图

(2) 不同阶段轨行区责任主体不同

轨道作业涉及范围广，不同阶段的轨行区安全管理责任主体不同。一般轨行区管理由土建单位转移到轨道单位，再转移到机电单位，期间可能会发生轨道和机电单位联合行使调度管理权（图 6.3）。

图 6.3 轨行区管理责任主体变化路径

(3) 空间狭小、线路长

轨道工程在车站及隧道区间等场所作业时存在空间狭小、避让不便的困难；铺轨基地往往设置在线路两端或者中间位置，单个铺轨基地涉及的线路较长，随着铺轨推进，运输效率逐渐降低（图 6.4）。

轨道工程接口关系表	表 6.1
专业	接口关系
土建工程	★
通风空调	△
给水、排水、消防	△
动力照明	△
装饰装修	△
35kV 变配电	★
通信系统	△
接触网	★
综合监控	△
安防系统	△
乘客资讯	△
消防系统	△
信号专业	★

注："★"为重要接口；"△"为一般接口。

图 6.4 车站及区间轨道施工图

图名	轨道施工安全管理的特点（二）	图号	GD6-1（二）

(4) 机械设备使用危害性大

受限于轨行区狭小、视野不开阔等因素，使得轨道施工机械设备使用危害性更大，如轨道车刹车制动，可能因为光线不足导致安全距离不足，易造成危险。

(5) 作业点分散、安全范围广

轨行区作业施工涉及专业单位众多，各单位进入轨行区作业地点分散，在全线开展；安全管理范围广，不局限于轨行区，还涉及材料设备运输堆放产生的危险源，独特的施工工艺所产生的危险源，各单位交叉作业产生的危险源等。

(6) 通信、照明不良

在轨道工程施工过程中，对讲机等沟通交流设备信号不良，距离超过一定范围无法进行沟通，信息传递滞后；区间及车站虽设有照明设备，仍存在许多照明环境不良的作业地点（图6.5）。

图6.5 照明、视线条件不良

(7) 地上、地下协同难度大

在吊装材料、临时用水用电等作业中，地上与地下需要紧密的协同作业，由于视线不良，沟通不便，吊装口窄小等影响因素，造成协同难度的增大（图6.6）。

图6.6 吊装作业

(8) 施工人员轨行区作业经验不足

除轨道专业作业人员外，其他专业作业人员在轨行区施工经验不足，不熟悉轨行区主要风险源以及避让处理措施，对轨行区各单位的作业缺乏足够认识，难以有效辨识各专业风险源。

(9) 门禁管理难度大

进入轨行区的出入口通道众多，尤其是完成轨道铺设的区间；在站厅层及站台层部分区域的作业人员轨行区安全意识淡薄，随意进入轨行区范围，使得门禁管理难度大。

| 图名 | 轨道施工安全管理的特点（三） | 图号 | GD6-1（三） |

(10) 临时用电单位多

在电通之前各专业需要接用土建施工单位或机电单位电缆用电，临时用电单位多，危险源众多，管理难度大。

(11) 防火控制难度大

车站及区间内空间狭小、通风差、信号差，消防等单位一般在铺轨作业结束之后开始施工，轨道施工范围内存在木模板及其他专业的易燃易爆物品，涉及一些容易引起火灾的作业，一旦发生火灾，救援往往会滞后，易造成窒息等危险，防火控制难度大（图6.7）。

图 6.7 易发生火灾施工作业现场图

6.1.2 风险汇总

风险汇总图见图 6.8。

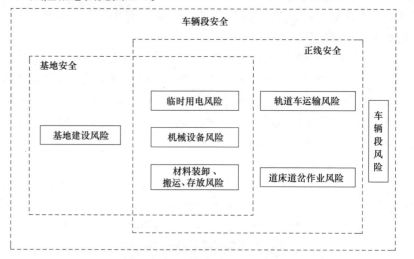

图 6.8 风险汇总图

6.1.2.1 基地建设风险（表 6.2）

基地建设风险　　　　　　表 6.2

作业活动	风险因素	可能导致的危害	危害类型	层次
基地建设	防火防爆安全距离不足、消防配备不足、未安排专人看管	火灾、爆炸	人身伤害 经济损失	管理
	基地布置不合理	作业距离相互干扰	人身伤害	管理
	车辆长度侵限	行车界限不足，碰撞挡板或材料设备	机械伤害	技术
	基底承载力不满足要求	道路破话、行车不便	机械伤害	技术
	车挡、防溜、警示设置不符合要求	车辆碰撞	机械伤害	管理

| 图名 | 风险汇总（一） | 图号 | GD6-2（一） |

6.1.2.2 车辆段施工风险（表 6.3）

车辆段施工风险　　　　表 6.3

作业活动	风险因素	可能导致的危害	危害类型	层次
车辆段施工	吊装作业触碰接触网	触电	人员伤害	作业
	道砟临时存放	地基沉降、破坏路面	经济损失	技术
	土建开挖作业	地基沉降、材料破坏	经济损失	技术
	集中交叉作业人员经验不足	安全距离不足造成人员伤亡	人员伤害	管理
	人员、器械、材料流动性大	人员伤害、器械伤害、材料破坏	人员伤害	管理

6.1.2.3 材料装卸、搬运、存放风险（表 6.4）

材料装卸、搬运、存放风险　　　　表 6.4

作业活动	风险因素	可能导致的危害	危害类型	层次
材料装卸、搬运、存放	钢轨堆码高度超过要求、基底及各层之间支垫不平稳	钢轨倾倒、受压变形	人员伤害	技术
	堆码高度超过要求、不整齐、地基不平整	扣配件及小型料具倒塌造成人员伤害	人员伤害	管理
	堆码高度超过要求、不整齐、地基不平整	轨枕堆码倾倒	人员伤害/经济损失	管理
	弹条拆卸弹出弹程远，弹力大	弹条弹出造人员伤害	人员伤害	作业
	安全距离不足、吊点不正确、统一指挥不符合要求	钢轨、轨排等材料掉落人员伤害	人员伤害	管理
	统一指挥不符合要求、地上下协同作业难度大、吊点不正确	轨排吊装与围挡、平板车等碰撞受损	人员伤害/经济损失	作业
	材料堆码高度超过要求、场地硬化不符合	地基不均匀沉降	经济损失	技术
	单点起吊、运输碰撞、使用非专用吊具、堆码不符合要求	道岔岔料损伤	经济损失	管理

续表

作业活动	风险因素	可能导致的危害	危害类型	层次
材料装卸、搬运、存放	抬运枕木人数不足、不规范、吊点不正确、统一指挥不符合要求	造成人员伤害	人员伤害	作业
	未使用专用工具、起重设备未正确使用、人员配置不足	造成人员伤害	人员伤害	作业
	道路不平整、坡度过大、材料运输途中碰撞掉落、未做防溜措施、捆绑不牢固	运输材料脱落伤人	人员伤害/经济损失	作业
	装载不良、车辆未停稳、客货混装、人员操作不规范	料车撞击伤人	人员伤害	作业
	偏载脱线、人员操作不规范、统一指挥不符合要求、人员操作不规范	道砟装卸伤人	人员伤害	作业

6.1.2.4 轨道车运输风险（表 6.5）

轨道车运输风险　　　　表 6.5

作业活动	风险因素	可能导致的危害	危害类型	层次
轨道车运输	定期保养维修不符合要求、操作不符合要求、安全距离不足	轨道车故障造成人员伤亡	人员伤害	技术
	未进行防溜措施、制动系统不良、防溜器具不符合标准、未进行制动试验、司机操作不符合规范	轨道车溜逸造成人员伤亡	人员伤害/机械伤害	作业
	线路或道岔不满足技术要求、运行速度超过允许速度、走行部技术状态不良、线路施工未设置防护、货物超载偏载	轨道车脱轨造成人员伤亡	人员伤害/机械伤害	技术
	调车作业不符合规定、轨道车停靠位置不符合要求、轨道车被迫停车未做防护、轨道车制动系统技术状态不良	同区段轨道车冲突造成人员伤亡，轨道车伤害	人员伤害/机械伤害	管理

图名	风险汇总（二）	图号	GD6-2（二）

续表

作业活动	风险因素	可能导致的危害	危害类型	层次
轨道车运输	轨道平板车堆放材料超出范围、区间人员不能及时避让	造成人员伤亡	人员伤害	作业
	站台临边作业人员作业不规范、随意进出轨行区、材料堆放阻碍行车运行	临边作业碰撞	人员伤害/经济损失	作业
	轨行区作业防护不规范、防护意识薄弱、轨道车制动系统不良、吊装口作业不规范	其他作业碰撞	人员伤害	作业

6.1.2.5 道床道岔作业风险（表6.6）

道床道岔作业风险　　　　表6.6

作业活动	风险因素	可能导致的危害	危害类型	层次
有砟道床作业	道砟临时存放侵入限界、行车人员防护不规范、道砟掉落	道砟临时存放危及人员及行车安全	人员伤害	管理
	卸砟速度过快、未到达卸车地点卸砟、邻线来车时卸砟	卸砟造成人员伤害	人员伤害	作业
	起道机使用不规范、安全距离不足、人员操作不规范	起道作业造成伤害	人员伤害	作业
	机械使用不规范、捣固机超速运行、捣固机载人作业、未停放在界限外	捣固作业造成伤害	人员伤害	作业
无砟道床作业	防护用品不符合要求、凿毛周围人员安全距离不足	基础面凿毛碎片飞溅造成人员伤害	人员伤害	作业
	人员操作不规范、钢筋加工机技术状态不良、焊接电流过高、防护措施不到位	钢筋加工、焊接人员伤害	人员伤害	技术
	安全距离不足、泵管质量不符合要求、紧固不到位	混凝土浇筑泵管爆裂人员伤害	人员伤害	技术
	捆绑不牢固、超载、安全距离不足、平板车运行速度过快	模板滑落侧翻人员伤害	人员伤害	技术

续表

作业活动	风险因素	可能导致的危害	危害类型	层次
无砟道床作业	安全距离不足、安全意识薄弱、轨排四周严禁站人	轨排立架伤害	人员伤害	作业
道岔作业	吊点不良、吊具磨损、捆绑不良、吊运途中超速、超载、超限	轨料滑落造成人员伤害	人员伤害	作业
	用手安装滑床板等扣配件、用手探摸间隙、尖轨和基本轨之间放手脚等部位	道岔拼装伤人	人员伤害	管理
	手脚部放置在尖轨和基本轨之间	工电联调造成人员挤伤	人员伤害	管理

6.1.2.6 机械设备使用风险（表6.7）

机械设备使用风险　　　　表6.7

作业活动	风险因素	可能导致的危害	危害类型	层次
轨道车	不规范吊装、人员安全距离不足、地面与地下沟通不便	吊装破坏围挡、造成人员伤害	人身伤害	作业
	轨道车超速行驶、行驶超过轨道铺设完成范围、未设置防溜措施	脱轨	人身伤害/经济损失	作业
	人员违章进入轨行区、脚手架等材料侵限、同区段行车未设置安全标志或未进行申请	撞击人员、脚手架、同区段轨道车等	人身伤害/经济损失	管理
龙门吊	安装用汽车吊配合经验不足、未配备厂家人员配合安装	安装受损	经济损失/机械伤害	技术
	歪拉斜吊、起吊速度过快、吊点不正确、钢丝绳未检查安全状态	吊装作业破坏材料	经济损失/机械伤害	管理
	歪拉斜吊、作业人员未保持安全距离就开始吊装作业、未做防溜措施	吊装造成人身伤害	人身伤害	作业

图名	风险汇总（三）	图号	GD6-2（三）

续表

作业活动	风险因素	可能导致的危害	危害类型	层次
地铁铺轨机	人员违章接触作业中的铺轨机、材料侵限	撞击人员、材料等	人身伤害	作业
	超速行驶、未做防溜、走行轨未加固	脱轨	机械伤害/人身伤害	技术
	司机未持证上岗	代步	人身伤害	管理
平板车	超速行驶、防溜措施不到位、运输材料超出平板车位置	撞击人员、脚手架、材料	人身伤害/经济损失	技术
锯轨机	安全距离不足、操作人员不规范	人员烧伤	人身伤害	作业
	操作不规范、人员未经过培训	切割伤害	人身伤害	技术
移动式焊轨机	钢轨焊接温度高、未穿戴防护措施	高温伤害	人身伤害	作业
	安全距离不足、轨道车视野盲区	撞击人员	人身伤害	技术
正火机	正火温度高、未穿戴防护措施	高温伤害	人身伤害	作业
氧气乙炔正火	安全距离不足、未配备防火防爆措施	火灾、爆炸	火灾	管理
小平车	超速行驶、坡度较大时严禁运送、防护不足20m、载人运输	材料脱落、撞击人员	人身伤害	技术

6.1.2.7 临时用电风险（表6.8）

临时用电风险　　　　表6.8

作业活动	风险因素	可能导致的危害	危害类型	层次
临时用电	接零,设备未做保护接地	触电、火灾	人身伤害	作业
	保护接地、保护接零混乱		人身伤害	作业
	保护零线装设开关或熔断器,零线有拧缠式接头		人身伤害	作业
	保护零线未单独安装,作为其他功能使用		人身伤害	作业
	使用保护零线作负荷线		人身伤害	作业

续表

作业活动	风险因素	可能导致的危害	危害类型	层次
临时用电	开关箱无漏电保护器,或者损坏	触电、火灾	人身伤害	作业
	电箱内电线有带电明露部分		人身伤害	作业
	电箱内多路配电无明显标记,引出线混乱		人身伤害	作业
	在潮湿环境中,使用不安全电压		人身伤害	作业
	保护零线没有按照规定在配电线路做重复接地		人身伤害	技术
	控制箱设备不接地线		人身伤害	技术
	电箱内线路老化、损坏		人身伤害	技术
	电缆绝缘破坏或不绝缘		人身伤害	技术
	电工送电不符合流程		人身伤害	技术
	照明线路混乱、无漏电保护		人身伤害	技术
	未执行"一机、一闸、一漏、一箱"		人身伤害	技术
	电缆从轨道上部过路		经济损失	管理
	非电工操作		人身伤害	管理
	配电箱箱门内侧内无电路系统图,未上锁,未设置专人负责		人身伤害	管理
	电箱位置不当,未设置防护栏,周围杂物堆积		人身伤害	管理
	电箱未上锁、电箱门损坏、电箱内有杂物		人身伤害	管理

图名	风险汇总（四）	图号	GD6-2（四）

6.1.3 安全管理制度

在符合《中华人民共和国安全生产法》的前提条件下，根据地方性安全管理制度、公司安全管理办法，严格按照安全规范，符合安全管理要求。

以某地铁2号线为例，安全风险管理体系管理制度如下：

(1)《建设工程安全生产管理条例》国务院第393号令。
(2)《城市轨道交通工程安全质量管理办法》建质〔2010〕5号。
(3)《城市轨道交通工程质量安全检查指南（试行）》建质〔2012〕68号。
(4)《城市轨道交通工程周边环境调查指南》建质〔2012〕56号。
(5)《城市轨道交通地下工程建设风险管理规范》GB 50652—2011。
(6)《城市轨道交通建设项目管理规范》GB 50722—2011。
(7)《危险性较大的分部分项工程安全管理办法》建质〔2009〕87号。
(8)《施工现场临时用电安全技术规范》JGJ 46—2005。
(9)《铁路轨道工程施工安全技术规程》TB 10305—2009。
(10)《轨行区管理办法》。

适用范围：综合考虑项目模式及工程特点等因素，制定符合安全管理实际需求的轨行区管理办法，具有地方性特点。

(11)《地方性安全隐患排查治理办法》。

适用范围：根据各省、直辖市、自治区轨道交通建设工程安全风险源隐患排查要求制定的地方性安全管理条例。

| 图名 | 安全管理制度 | 图号 | GD6-3 |

6.2 铺轨基地安全管理

6.2.1 管理控制体系
铺轨基地安全管理控制体系见图 6.9。

图 6.9 铺轨基地安全管理控制体系

6.2.2 管理控制重点
(1) 管理控制重点
1) 安全生产制度要求
① 项目部、作业队应建立安全生产制度（图 6.10）。

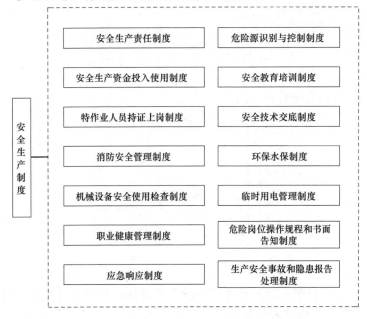

图 6.10 安全生产制度

② 项目部与作业队、劳务分包单位，作业队与班组应分别签订安全生产责任书，明确安全责任和义务。

| 图名 | 管控体系 | 图号 | GD6-4 |

③项目部应建立健全机械设备安全操作规程（图6.11），劳务队伍自带设备必须纳入项目部的设备管理，特种设备必须做到合法使用（包括劳务队伍自带设备）。

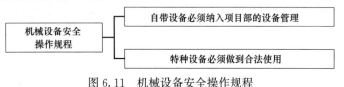

图6.11　机械设备安全操作规程

2）现场安全管理（图6.12）

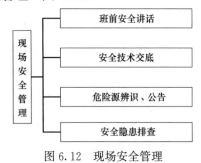

图6.12　现场安全管理

① 作业班组负责人要进行班前安全讲话，技术（或安全）管理人员要进行安全技术交底。

② 危险源辨识、公告：项目部、作业队在施工前要进行风险因素分析、评估，分级管理。在现场入口显著位置和有重大危险源的作业点附近挂牌公告，并登记建档，动态管理。

③ 安全隐患排查：定期进行安全隐患排查，对检查出的隐患要切实做到整改措施、责任、资金、时限和预案"五到位"，建立以安全生产专业管理人员为主导的隐患整改效果评价制度，确保整改效果，实现闭环管理（图6.13）。

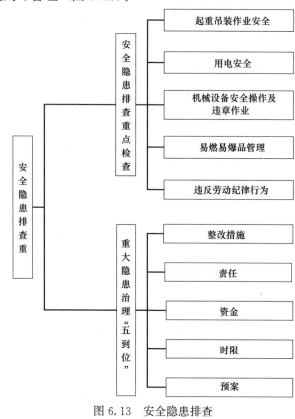

图6.13　安全隐患排查

| 图名 | 管控重点（一） | 图号 | GD6-5（一） |

182

(2) 技术控制重点

1) 项目部要根据施工组织设计和现场实际情况、机械配备配置、作业人员水平等编制有针对性、操作性强的施工组织方案（图6.14），并经相关程序审批，如：起重吊装方案、长轨存放方案等，并经专家论证，签字审批手续完备，有论证报告等。

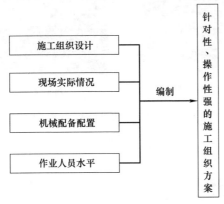

图 6.14 施工组织方案编制

2) 专业技术（安全）人员要编写安全技术交底资料，并严格执行技术交底制度等。

3) 编制应急救援方案（预案），如触电、起重伤害、高处坠落、物体打击等防治方案。

(3) 作业控制重点

1) 各类房屋、库棚、料场等的消防安全距离应符合国家或公安部门的规定，室内不得堆放易燃品；现场严禁吸烟，尤其是木工加工场、料库、油库等处；现场的易燃杂物，应随时清除，严禁在有火种的场所或其近旁堆放。

2) 租赁设备需要签订协议并组织验收，施工人员在集体作业时要保持安全间距，做好安全防护，统一指挥。

铺轨基地作业控制重点见图6.15。

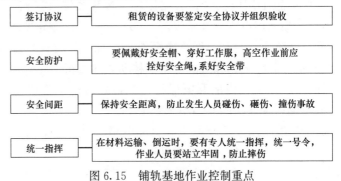

图 6.15 铺轨基地作业控制重点

3) 在汽车装卸龙门吊施工时，要做好防护工作，防护设施应齐全。遇大风大雨大雾天气，应停止吊装。轨排组装龙门吊机械操作人员作业时必须坚持执行"十不吊"原则，见图6.16。

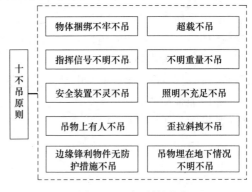

图 6.16 十不吊原则

图名	管控重点（二）	图号	GD6-5（二）

6.2.3 实例分析

(1) 临时用电

1) 为保证施工用电安全，严格采用 TN-S 系统（三相五线制）和《施工现场临时用电安全技术规范》JGJ 46—2005 规定要求。

2) 配电系统应符合"三级配电两级漏电保护"要求，设置室内总配电盘或室外总配电箱和分配电箱，移动式开关箱，漏电开关保护器设在后两级。开关箱内的漏电保护器其额定漏电动作电流不大于 30mA，额定漏电动作时间应不小于 0.1s。

3) 保护零线必须在总配电室或总配电箱、分配电箱处重复接地外，还必须在配电线路的末端处重复接地。

4) 每台用电设备必须设有各自的开关箱，并应有防雷电装置，同时实行"一机一闸、一漏一箱"保护制度。配电箱、开关箱必须防雨、防尘和加锁。

5) 移动式机械的电源导线（或临时电源）必须采用绝缘良好的橡皮护套铜芯软电缆，其中一根作为接地线，电源导线不得直接绑扎在金属壳上。不得借用机械本身金属结构作工作零线。

6) 发生人身触电时，应立即切断电源，然后对触电者做紧急救护，严禁在未切断电源前与触电者接触。

7) 对移动机具、移动照明灯具、手持电动工具要加强维修检查。对重点监控场所、部位加强检查。

配电箱常见问题见图 6.17～图 6.19。

(a) 整改前　　　　　(b) 整改后

（存在问题：二级配电箱内有杂物及一箱多接现象）

图 6.17　二级配电箱（一）

(a) 整改前　　　　　(b) 整改后

（存在问题：铺轨基地加工房内二级配电箱未接地）

图 6.18　二级配电箱（二）

| 图名 | 实例分析（一） | 图号 | GD6-6（一） |

(a) 整改前　　　(b) 整改后

(存在问题：铺轨基地配电箱无防护措施)

图 6.19　铺轨基地配电箱

(2) 防火防爆

1) 严格按照《中华人民共和国消防法》等相关法律法规、规定，建立和执行防火管理制度、消防安全操作规程；制定灭火和应急疏散预案。

2) 严格按照国家标准、行业标准配置消防设施、器材，设置消防安全标志，并经常检查、维护、保养，保证消防器材灵敏有效。

3) 施工现场设置临时消防车道。其宽度不得小于 3.5m，并保证临时消防车道的畅通，禁止在临时消防车道上堆物、堆料或者挤占临时消防车道。

4) 电焊工、气焊工从事电气设备安装和电、气焊切割作业，有操作证和用火证。用火前要对易燃、可燃物清除，采取隔离等措施，配备看火人员和灭火器具，作业后必须确认无火源隐患后方可离去。用火证当日有效，用火地点变换，要重新办理用火证手续。

5) 对油库、氧气、乙炔存放地建立警示牌，严禁烟火制度，严禁吸烟，严禁带入火种。禁止尾气能喷出火星和高温气体的汽车、拖拉机、柴油车、摩托车等运输车进入危险场所。

6) 定期组织防火检查，及时消除火灾隐患。

7) 开展经常性的消防安全教育，对每名员工进行消防安全教育。

8) 施工现场防火安全及消防设施。

9) 施工现场明确划分用火作业区、材料堆放区、仓库区等区域，用火作业区设置在在建工程可燃材料堆放场或仓库 25m 之外。

10) 氧气、乙炔瓶等易燃易爆品存放和使用必须分开，存放和使用间距不得小于 5m，与明火作业间距不小于 10m。

11) 施工现场动力线与照明线分开设置，分别选用相应功率的保险装置。严禁乱接乱拉电器线路。施工现场设有保证消防安全的照明。

12) 施工现场设置水系统灭火设施（消火栓），落实临时消防水源。

现场常见的安全隐患见图 6.20～图 6.22。

(a) 整改前　　　(b) 整改后

(存在问题：材料仓库内，易燃品油漆和非易燃品物品混堆)

图 6.20　材料堆放

| 图名 | 实例分析（二） | 图号 | GD6-6（二） |

(3)材料堆放、装卸、搬运

1)轨料存放场地平整、承载力符合要求。存放重心不偏移或倾斜,支点间距合理,不超限。

2)吊装作业下方严禁站人,钢丝绳质量、搭接符合要求。

3)储存材料分类、分规格、分厂家存放,对可能危害人身安全健康的材料单独存放,明显标识。

4)材料存放需做好成品及半成品保护。

5)轨排吊装作业,轨排上方严禁堆放物品,轨排吊装需经过专业培训的司索工进行,吊点正确,上下对接紧密,严禁损伤轨排。

材料保护、存放、吊装存在的安全隐患见图 6.23~图 6.26。

(a)整改前　　　　　(b)整改后

(存在问题:铺轨基地消防器材缺失)

图 6.21　消防器材

(a)整改前　　　　　(b)整改后

(存在问题:铺轨基地气割焊与乙炔房安全间距不够)

图 6.22　乙炔房安全距离

(a)整改前　　　　　(b)整改后

(存在问题:吊装作业龙门吊运材料捆绑不牢固、不平衡)

图 6.23　铺轨基地吊装作业

| 图名 | 实例分析(三) | 图号 | GD6-6(三) |

(a) 整改前　　　　(b) 整改后
(存在问题:钢筋未保护到位)

图 6.24　成品、半成品保护

(a) 整改前　　　　(b) 整改后
(存在问题:轨料存放中心偏移或倾斜、层数超限、支点间距不合理)

图 6.25　轨料存放

(a) 整改前　　　　(b) 整改后
(存在问题:吊装安全不到位,吊装作业时在轨排上堆放钢筋并且没有固定)

图 6.26　轨排吊装作业

(4) 机械设备

铺轨基地主要机械设备涉及龙门吊、汽车吊、锯轨机、钢筋弯曲机、钢筋调直机、钢筋切断机、插入式振动器、木工钻眼机、电焊机、冲击钻、木工电锯、发电机等。

1) 定期对机械设备进行维修和检查,损坏及时维修更换。

2) 各机械设备的安全使用,必须由专业人员操作,特种设备使用人员必须持证上岗。

3) 吊车进场使用需进行验收,并挂牌作业。

4) 机械设备作业时,除作业人员外,其他人员严禁围观,并设置红闪灯和警示牌。

5) 夜间作业应张贴反光条。

机械设备存在的安全隐患见图 6.27～图 6.31。

| 图名 | 实例分析(四) | 图号 | GD6-6(四) |

(a) 整改前　　　　　(b) 整改后

(存在问题:铺轨基地所使用的吊车前支腿没有全部打开)

图 6.27　铺轨基地所使用吊车

(a) 整改前　　　　　(b) 整改后

(存在问题:铺轨基地吊车未挂牌施工)

图 6.29　吊车使用

(a) 整改前　　　　　(b) 整改后

(存在问题:作业场龙门吊大车走行变速箱齿轮油过期变质)

图 6.28　大龙门吊维修保养

(a) 整改前　　　　　(b) 整改后

(存在问题:铺轨基地加工房内砂轮机没有安全操作规程)

图 6.30　安全操作规程（一）

| 图名 | 实例分析（五） | 图号 | GD6-6（五） |

(a) 整改前

(b) 整改后

(存在问题：铺轨基地切割机无安全操作规程)

图 6.31 安全操作规程（二）

6.3 正线安全管理

6.3.1 管控体系

6.3.1.1 轨行区管理办法

依照轨行区管理办法，轨行区在移交前由各土建施工单位负责管理，铺轨工作面在移交铺轨专业后，由轨道施工单位统一负责管理；轨行区送电后，由供电施工单位统一负责管理。

轨行区简介：建设中所有已经完成轨道铺设的线路；所有距车站站台边缘 0.5m 以内的所有范围内、区间任何距离轨道中心线 3.0m 范围内（含上空），或是任何区间风道、风井、联络通道及折返线等。

轨行区平面示意图见图 6.32。

图 6.32 轨行区平面示意图

（1）目的原则：为确保沿线各参建单位的生命、财产安全，以及便于轨行区内轨道车的集中统一指挥，合理的调度土建、轨道、机电、装饰装修等单位有序作业，保证在轨行区内各施工单位在时间、空间上的作业关系顺畅，确保施工安全。轨行区内各项施工应遵守轨行区调度室的统一指挥，确保在占用轨行区时间和空间上满足作业关系顺畅、无交叉的原则。

（2）适用范围：已完成轨道铺设，但未进行"三权"移交的正线及车辆段、停车场线。

（3）轨行区安全管理原则（图 6.33）。

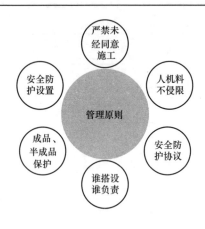

图 6.33 轨行区安全管理原则

1）严禁未经同意施工：任何施工单位在未得到轨行区调度室同意的情况下，严禁在轨行区内施工。

2）人机料不侵限：任何单位或个人在站台、轨旁摆放的所有物品不得侵入轨行区。

3）安全防护协议：进入轨行区施工的其他单位必须编制符合各自在轨行区作业的安全防护方案，并报各自监理审批后报送轨行区管理单位进行备案，并与轨行区管理单位签订"施工安全协议"。

4）谁搭设、谁负责：施工现场安全围挡及脚手架按"谁搭设、谁负责"的原则进行管理。

5）成品、半成品保护：轨行区的成品、半成品因其他施工各单位原因造成损坏的，采取相应措施保护好现场，落实责任单位和处理措施。现场已完工的成品、半成品由各自所属施工单位落实保护措施和方案。

6）安全防护设置：进入轨行区施工的安全防护设置由各施工单位要求进行设置，并配备专职防护员进行现场防护。

6.3.1.2 调度管理

根据行车及施工必须遵循"高度集中，统一指挥，逐级负责"的原则，由轨行区调度室，具体负责对已完成铺轨的轨道区域实施调度管理工作。

调度室组织机构构成见图 6.34。

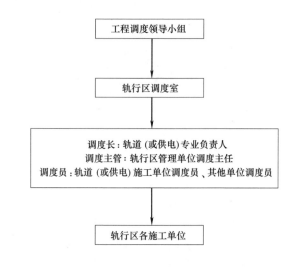

图 6.34 调度室组织机构构成

（1）施工计划管理（图 6.35）

| 图名 | 管控体系（二） | 图号 | GD6-7（二） |

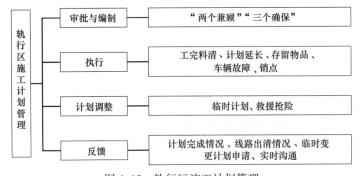

图 6.35 轨行区施工计划管理

1）审批与编制

施工计划审批原则见图 6.36。

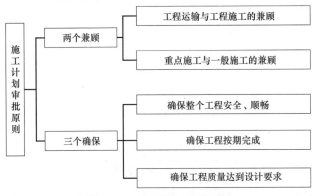

图 6.36 施工计划审批原则

对于安全上有特殊要求和规定的，需在施工协调会上提出并经讨论确定。

2）执行

各参建单位根据下发的《轨行区施工作业计划》组织专人进行细化，并将每项工作计划具体落实到施工队、班组，确保现场施工负责人对计划完全了解。

在进入轨行区施工前，施工单位的现场负责人必须到车站门卫处登记，填写出入轨行区登记表（图 6.37）。

图 6.37 出入轨行区登记本表示意图

施工结束后，施工单位的现场负责人必须确认线路已满足开通条件、清查人数后，向轨行区调度室进行销点，撤出轨行区施工的人数和工机具，必须与进入轨行区的人数和工机具相同。如有变化，必须注明存留物品的原因、数量，且确保存留物品不侵限。

3）计划调整（图 6.38、图 6.39）

| 图名 | 管控体系（三） | 图号 | GD6-7（三） |

191

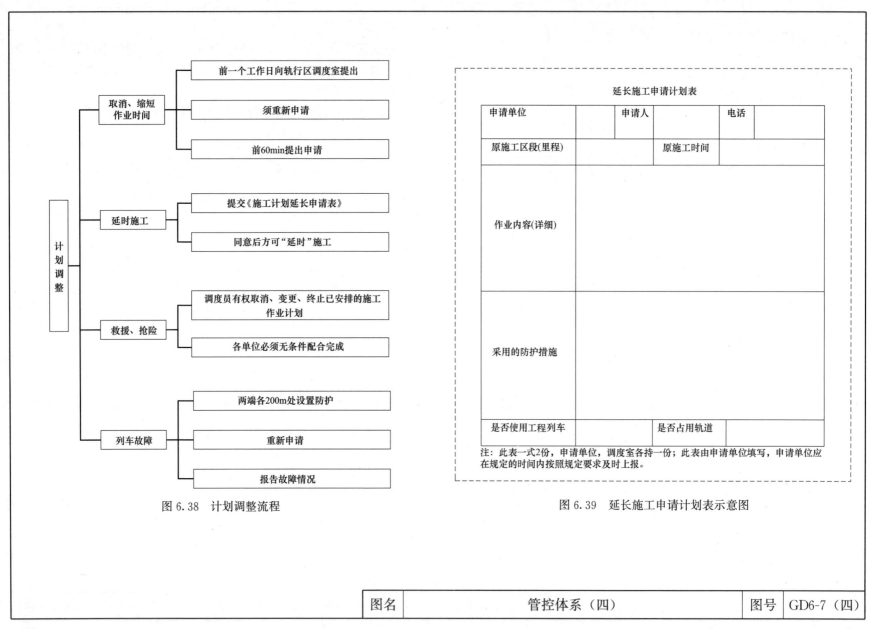

图 6.38 计划调整流程

图 6.39 延长施工申请计划表示意图

4）反馈

现场施工负责人或施工单位负责人、本单位值班调度应及时向调度室汇报计划完成情况、线路出清情况。

施工负责人或本单位值班调度在施工过程中应随时保持与轨行区调度室的联系，以便轨行区调度室随时掌握施工进度等状况。

6.3.1.3 工程运输管理

工程运输管理组成（图6.40）。

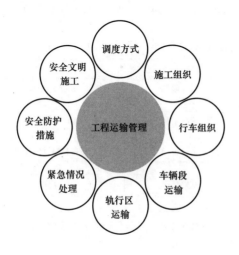

图6.40 工程运输管理组成

（1）调度方式安全管理

工程运输的调度执行一级调度指挥。为确保轨行区的施工和运输安全，工程施工和运输实行单一领导，统一指挥。

（2）施工组织安全管理（图6.41）

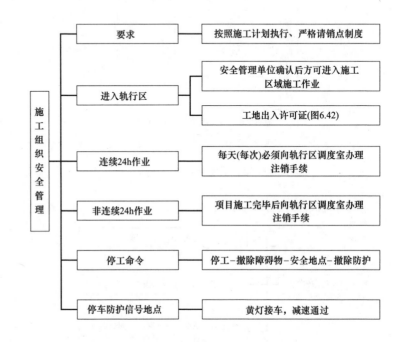

图6.41 施工组织安全管理

| 图名 | 管控体系（五） | 图号 | GD6-7（五） |

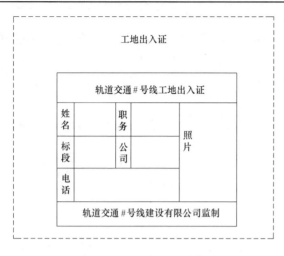

图 6.42 工地出入证示意图

（3）行车组织安全管理（图 6.43）

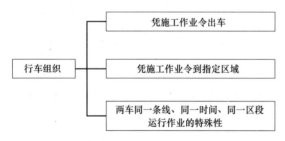

图 6.43 行车组织安全管理

1）轨行区每个区段同一时间同一条线只准由一列工程列车占用。特殊情况下，允许有两列车列进入，但必须保证两列车通讯良好和确保两列车间有一定的安全距离，并在列车前后不少于 100m 设置红灯，并安排专人防护（配备专用防护警示灯）。

2）未经许可禁止以工程列车充当通勤列车使用进入区间。

（4）车辆段、停车场运输安全管理（图 6.44）

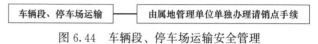

图 6.44 车辆段、停车场运输安全管理

（5）轨行区运输安全管理（图 6.45）

图 6.45 轨行区运输安全管理

1）行车限界

在地铁线路上运行的工程车装载货物必须满足线路的限界要求：

①在正线上施工采用的各项临时设施侵入建筑限界时，必须绘制施工时临时行车限界断面图，报轨行区调度室审批。

| 图名 | 管控体系（六） | 图号 | GD6-7（六） |

② 施工时临时行车限界经批准后，施工单位应制作临时限界检查架，定期进行检查。严禁超限界列车进入施工区间。必要时由施工单位在施工地段的两端按批准的限界设置限界检查门。

③ 超限列车必须通过施工区间时，将由轨行区调度室事先通知施工单位拆除脚手架等障碍物，并派人员会同施工单位检查确认符合要求后，才放行超限界列车。

④ 施工期间，工程车的车辆限界，如图 6.46。

⑤ 装载货物时，应符合平板车的容许载重力和集重要求。装载货物的重量严禁超过平板车标记载重量，货物的重量应合理分布在车底板上，不得偏载，偏重不超载，不偏载，不集重，不偏重，不超限。能够经受正常的调车作业及列车运行，不致发生移动、滚动、倾覆、倒塌、坠落等情况。防止集重、超限。

⑥ 参建单位施工负责人应负责监督装车，派人跟车，并向装车人员说明注意事项，随时检查装载加固是否符合有关规定或协定的装载加固要求。

⑦ 对于超限、超长货物运输或作业必须制定详细计划，并经过轨行区调度室的审批后方能进行。

2）速度限制（图 6.47）

① 因弯道或线路情况需要采取特殊速度的，根据计算结果确定，但需征得轨行区调度室的批准）。

② 车辆严禁溜放作业，对超速行车造成事故的，工程列车运输施工单位承担全部责任。

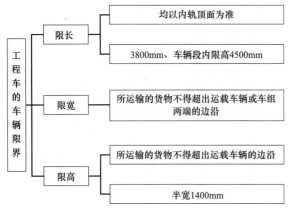

图 6.46 工程车辆限界要求

| 图名 | 管控体系（七） | 图号 | GD6-7（七） |

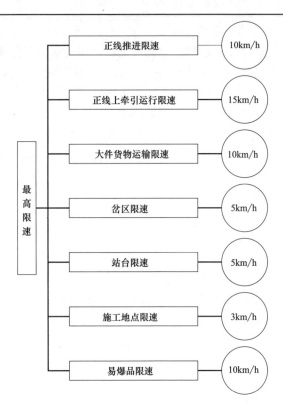

图 6.47 速度限制

3）道岔管理

① 道岔在未"三权"移交前由轨道施工单位负责维护和管理，未安装转辙机的道岔由轨道工程施工单位专职的扳道员扳道；已安装转辙机的道岔，不再加装钩锁器，由信号施工单位负责扳道。

② 每次作业完成后须将道岔恢复至原位并加以确认。

③ 扳道员必须穿带有荧光条的工作服，在地面作业手持信号旗/在地下作业手持信号灯向司机/调车员显示标准的道岔开通和锁闭信号。严格执行"一看、二扳、三确认、四显示"制度。

④ 装有手动装置的道岔必须加挂锁匙。

⑤ 集中控制的道岔，单操后要进行锁闭操作，并将道岔加钩锁。接到作业完成的通知后进行解锁操作。

⑥ 轨行区未安装转辙机的道岔均应设置专属编号钩锁器，其钥匙管理由各站铺轨单位统一保管，各单位使用时应根据轨行区施工作业令办理登销记手续。

轨行区道岔使用后保持直股开通状态并加钩锁器固定，除扳道员根据调度员命令操作外，其他人不得搬动。

| 图名 | 管控体系（八） | 图号 | GD6-7（八） |

4）线路情况（图 6-48）

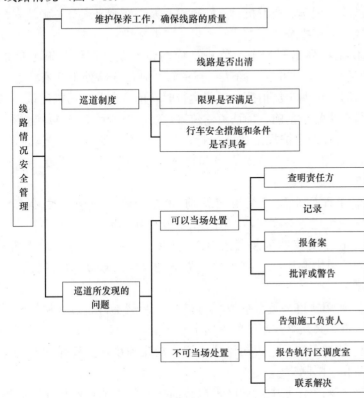

图 6.48 线路情况安全管理流程

5）小平车管理

轨行区原则上禁止使用手推小平车等轻型车辆，如因施工需要必须使用时，施工单位必须制定相关的安全保证措施，报联合调度室批准，同时必须遵守以下规定（图 6.49）。

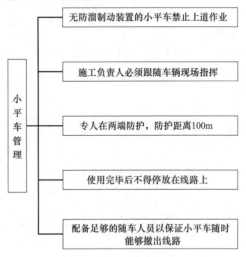

图 6.49 小平车管理规定

6）设备、材料进场管理

轨行区原则上不允许存放材料、机具、设备等；施工中确实需要在轨行区存放材料、机具、设备时，施工单位应制定相应的管理及安全措施后，上报并经联合调度室批准后才能进场，进场后的材料、机具、设备放置后不能侵限，同时现场必须设置隔离围护及警示标识，并安排专人 24h 不间断看护。

| 图名 | 管控体系（九） | 图号 | GD6-7（九） |

7) 清道

每天工程车作业完毕后，装卸施工单位均应对各自承包施工的区域进行清道，检查轨道出清情况，报告给轨行区调度室，并予以记录。对于需要将轨道区域移交其它参建单位进行下道工序施工的，需办理出清手续。

8) 开行工程列车

① 开行工程列车属于封锁区段，原则上不允许进行其他作业。确需在封锁区段交叉进行行车和其他作业时，应满足以下条件（图6.50）。

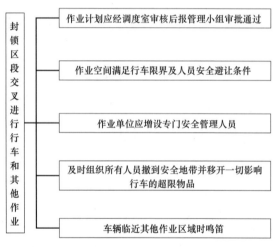

图6.50 封锁区段交叉进行行车和其他作业条件

② 在区间内停留的车辆，不论线路是否有坡度，均应连挂在一起，并拧紧车辆手制动，在车辆组两端放置铁鞋，防止车辆溜逸。

③ 工程列车准备期间，调车员按规定检查车辆连挂、司机进行制动试验，调车员查看机具（轨排等）及随车乘坐人员，确认安全后方可执行开车指令。

④ 工程列车开行前，值班员应与调车员、司机、施工负责人（防护员）试验对讲机，确认状态良好。确认线路处于开通状态。推进运行时，由调车员指挥，牵引运行时，前方进路由司机确认，当减速运行至进站道岔前，确认道岔位置、进路空闲后方可继续运行。

⑤ 工程列车按规定速度运行，瞭望、确认信号，注意轨行区人员动态或障碍，发现危及人身和行车安全的情况，应果断停车或减速，查明情况后运行。

⑥ 工程列车运行至换装站前50m处停车牌前一度停车，以5km/h速度运行至换装站，调车人员监视列车运行。

⑦ 轨排换装站随轨排施工向前移动，换装站前（迎车方向）20m处股道中心设红色停车牌。调车员根据信号显示，指挥列车减速、停车。

⑧ 使用轨道平板车跨装25m轨排，装载不得超过3层，轨排应对齐，重心必须落在车辆的纵向中心线上，不得偏载或超出限界。

⑨ 轨排车挂运中，司机严格遵守规定速度，平稳操作、避免紧急制动和小闸制动。

⑩ 在调车作业中，对已采取防溜措施的车辆，连挂前应先检查防溜措施，挂妥后再撤除；摘车时，应在车辆停稳后做好防溜后摘钩。

⑪ 车辆运行跨越两个轨行区管理单位管段的行车为跨区段行车（图6.51）。

| 图名 | 管控体系（十） | 图号 | GD6-7（十） |

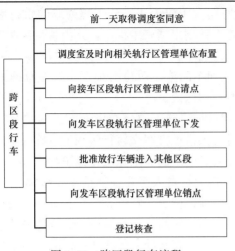

图 6.51 跨区段行车流程

(6) 紧急情况安全管理（图 6.52）

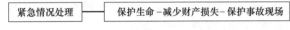

图 6.52 紧急情况安全管理

1) 紧急情况是指工程车行车过程中，发生了物体、人员的碰撞，危及有关人员安全及造成长时间工程运输停顿或阻塞的情况。

2) 处理事故的优先顺序（图 6.53）。

图 6.53 处理事故优先顺序

3) 一旦发生紧急情况，司机应立即停车，并坚守岗位，不得随意将车辆移动，等待处理。

4) 调车人员（或司机）应立即联系有关施工负责人将伤者就近急救，并报告轨行区调度室。在采取抢救行动前，应先保证自身及其他人员安全不受到威胁，并不失时机地进行调查取证工作，并保护好现场。涉及人员伤亡及重大财产损失的还应执行应急救援和信息报送有关方面的规定。

5) 需要将伤者送医院急救的，各参建单位均有责任第一时间提供车辆，以争取在最短时间内救护伤者。

6) 对发生物体碰撞的，待进行调查取证工作完毕，经允许后工程车才能重新启动，尽快恢复施工和运输，将追究责任方的相应责任。

(7) 安全防护措施（图 6.54）

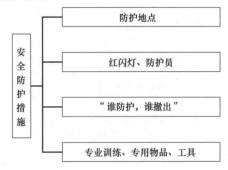

图 6.54 安全防护措施

1) 设立警示标志及组织人员避让工程列车辆是安全防护的重要措施。施工单位在轨行区施工现场必须配备专职安全监护人员，在工程列车行驶通过时，施工单位安全监护人员负责指挥本方人员将安全防护移出轨行区以外，组织人员机具避让，确认现场无行车阻碍后指挥工程列车车辆通过，工程列车通过后再将防护设施重新设置到位。由于无防护措施造成行车事故或其他事故的，其责任后果由自身承

| 图名 | 管控体系（十一） | 图号 | GD6-7（十一） |

担。昼夜通用防护信号通过底座支架能够固定在道床上，且具有防倒措施。轨行区施工防护的具体要求如图6.55。

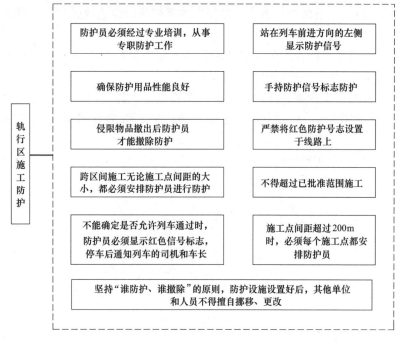

图6.55 轨行区施工防护的具体要求

2）作业人员作业时，应做好本单位及其他单位的成品的保护。不得在未凝固的道床上行走及作业，不得破坏、污染道床，不得踩踏轨行区成品进行高处作业。防护设置规定（信号，人，装备）：

① 对于长时期占用或无法避让工程列车的轨行区施工作业，施工单位必须在施工计划申请表中说明，并由轨行区调度室根据实际情况安排，禁止工程列车在施工区段和时间通行。

② 使用工程列车的施工单位必须严格按照批准的时间、区段内作业，不得超时，超区段。

③ 车站、隧道土建施工单位在搭设脚手架、保护架等进行施工时，需在申报时提供搭设方案交轨行区调度室确认，同时现场搭设时在脚手架上设置明显的限高、限宽反光标识牌。

④ 施工单位作业负责人应在作业前组织全体施工人员检查工作车、机具、材料等准备情况，宣讲安全注意事项、布置任务，做到作业计划、地点、内容、时间、安全措施、岗位任务六清楚。同时应将作业计划中当天线路上相邻处其他作业单位的分布及作业安排情况进行通告。

⑤ 工程列车司机在行驶时应加强瞭望，控制车速，严格执行相关规程的规定。遇有警示灯（牌）必须提前停车，不得擅自驶入。

（8）安全文明施工管理（图6.56）

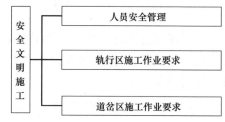

图6.56 安全文明施工管理

各参建单位项目经理应对本单位或工点的施工与运输安全负责,并承担领导责任。各参建单位的监理对该单位工程的安全负有监督的责任。

1) 人员安全管理

① 由参建单位填写《施工作业人员情况登记表》(图6.57),并制作《工地出入证》,报安全质量部审核,审核无误后,《工地出入证》加盖公司公章后生效。

施工作业人员情况登记表										
填表单位(盖章):						填表时间:			年 月 日	
序号	姓名	性别	年龄	民族	籍贯	身份证号码	联系手机	工作单位	聘用时间	住址	相片(电子档)	备注
单位负责人签名:							安全质量监督部审批:				

图6.57 施工作业人员情况登记表

② 确保参加施工的员工必须身体健康,乘务人员无耳聋,色盲,并经安全教育,特殊工种持证上岗。

③ 从规定的出入口进出工地,工点范围(车站和区间)内禁止吸烟,严禁酒后上岗。

④ 进入轨行区范围内的人员必须穿带有荧光条的工作服,戴安全帽。

⑤ 每次进入轨行区施工前先在集合地点清点人数,做好施工前的安全教育与准备工作,并签名留痕。确认是在批准的时间、在指定的区域内施工,凭轨行区调度室批准的作业令率队进场。

⑥ 现场负责人在施工前应负责对各种安全保护措施进行安排和检查,本着"我不伤害别人,我不伤害自己,我不被别人伤害"的原则,并与调度室保持联络。负责指定区域的施工安全,确保其属下人员和自身的人身安全。

⑦ 不得上下运行中的机车车辆,以车代步。

2) 轨行区施工作业要求 (图6.58)

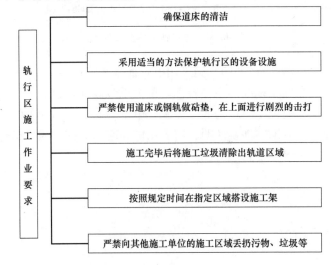

图6.58 轨行区施工作业要求

| 图名 | 管控体系(十三) | 图号 | GD6-7(十三) |

3) 道岔区施工作业要求（图6.59）

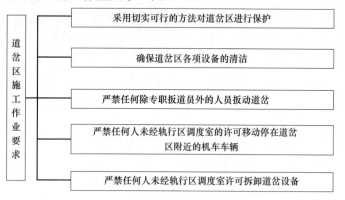

图6.59 道岔施工作业要求

6.3.1.4 轨行区照明、施工用电及抽排水管理

轨行区在施工期间的主体管理单位为承包该标段轨道工程的施工单位，其他专业施工单位为非主体施工单位。非主体施工单位在轨行区进行施工作业期间涉及照明、施工用电和区间抽排水的工作时，需服从轨道施工单位的管理（图6.60）。

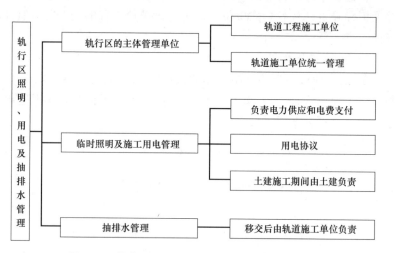

图6.60 轨行区照明、用水、用电、抽排水管理

6.3.2 实例分析

（1）轨行区用电

轨行区的施工临时用电及照明线路由轨道施工单位负责。工作内容包括：轨行区的施工照明及施工用电线路的架设、维护及施工后的拆除工作，确保安全用电及电力供应。除了符合《施工现场临时用电安全技术规范》JGJ 46—2005外，还应保证不影响行车安全，严禁电缆、电线跨越轨道。在焊接作业中，应将线路盘绕整齐，并配备灭火装置。

轨行区内用电常见问题见图6.61～图6.65。

| 图名 | 案例分析（一） | 图号 | GD6-8（一） |

(a) 整改前　　　　　　　　(b) 整改后

(存在问题:轨行区电箱私拉乱接、跨越轨道)

图 6.61　轨行区内电箱

(a) 整改前　　　　　　　　(b) 整改后

(存在问题:电箱无门、无锁,电箱没电箱盖)

图 6.62　轨行区配电箱（一）

 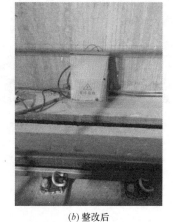

(a) 整改前　　　　　　　　(b) 整改后

(存在问题:轨行区配电箱箱门被破坏)

图 6.63　轨行区配电箱（二）

| 图名 | 案例分析（二） | 图号 | GD6-8（二） |

(a) 整改前　　　　　(b) 整改后

(存在问题：缺失电箱线路图及巡查表)

图 6.64　轨行区内缺失电箱线路图及巡查表

 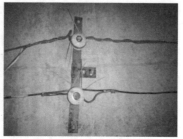

(a) 整改前　　　　　(b) 整改后

(存在问题：线路过道无保护，电缆架设或埋设不符合要求)

图 6.65　轨行区内电缆架设

(2) 材料堆码侵限

在正线上施工采用的各项临时设施侵入建筑限界时，必须绘制施工时临时行车限界断面图，报轨行区调度室审批。

施工时临时行车限界经批准后，施工单位应制作临时限界检查架，定期进行检查。严禁超限界列车进入施工区间。必要时由施工单位在施工地段的两端按批准的限界设置限界检查门。

超限列车必须通过施工区间时，将由轨行区调度室事先通知施工单位拆除脚手架等障碍物，并派人员会同施工单位检查确认符合要求后，才放行超限界列车。

轨行区内材料堆放常见问题见图 6.66、图 6.67。

(a) 整改前　　　　　(b) 整改后

(存在问题：线路两侧堆放的材料侵入铁路限界)

图 6.66　轨行区材料堆放（一）

| 图名 | 案例分析（三） | 图号 | GD6-8（三） |

(a) 整改前　　　　(b) 整改后
(存在问题:轨道两侧有高于轨面的油漆桶,影响轨道车通行)

图 6.67　轨行区材料堆放(二)

(3) 人员作业不规范

轨行区作业必须设置防护,具体要求如下:

1) 防护地点应设在作业区段两端各 100m 处(如遇曲线,防护地点设置在作业区段两端各 150m 处)。含联络线的作业区间也应在联络线处设防护点,其他影响临线行车时,对临线也应进行防护;

2) 每个防护点应设红闪灯、至少在每个作业区间两端的防护点应各设一名防护员;

3) 防护工作要坚持"谁防护、谁撤除"的原则,防护一旦设置,其他人员不得擅自挪移、更改。在撤离作业人员和施工机具施工垃圾后,由防护员撤除防护信号;

4) 防护员必须经过专业训练,专职防护,坚守岗位;对携带的红闪灯、对讲机、口哨等专用防护物品和工具进行检查,确保防护用品作用良好;

5) 作业区间两端防护员及作业负责人应各持一台对讲机进行联络;

6) 作业人员不得超出防护区域进行作业,否则将认定防护员的防护违规防护;

7) 防护员手持防护号志防护,当列车接近时,防护员不能随意在线路中走动,应站在列车前进方向右侧(地铁是右侧行车制,面对来车方向左侧)显示防护信号。

轨行区不规范作业见图 6.68~图 6.70。

(a) 整改前　　　　(b) 整改后
(存在问题:道床混凝土收面作业人员未戴安全帽施工)

图 6.68　人员不规范作业

| 图名 | 案例分析(四) | 图号 | GD6-8(四) |

(a) 整改前　　(b) 整改后

(存在问题：轨行区行动车未贴反光条)

图 6.69　轨行区行动车

(a) 整改前　　(b) 整改后

(存在问题：施工有防护灯无人，及无人防护)

图 6.70　轨行区防护

6.4　不同视角下的安全管理

6.4.1　以人为视角的安全管理

作业人员视角安全管理如图 6.71、图 6.72 所示。

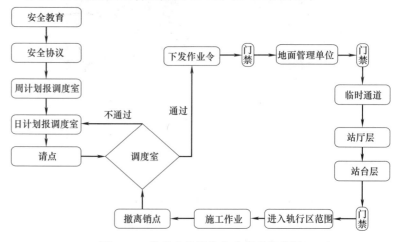

图 6.71　作业人员视角安全管理流程图

| 图名 | 以人为视角安全管理（一） | 图号 | GD6-9（一） |

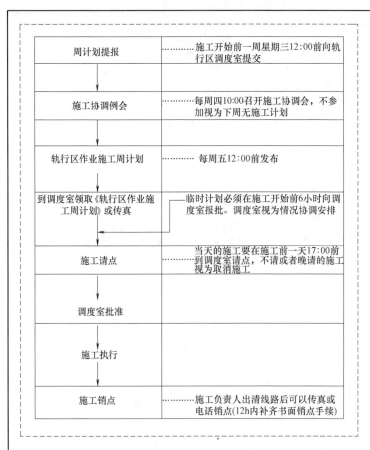

图 6.72 作业人员视角安全管理计划流程图

6.4.1.1 进入前
(1) 安全教育及安全协议（图 6.73）

图 6.73 对进行轨行区作业的单位进行安全培训并签署安全协议

(2) 周计划报调度室（图 6.74）

轨行区施工作业周计划申请表							
作业单位(章):**轨道交通*号线工程**工程***标 申请时间:****/01/01- ****/01/0 申报人:*** 电话:************							
日期	作业时间	作业内容	作业区域	现场负责人及联系电话	计划作业人数	防护措施及要求	备注
01月01日	13:00-17:00	运输	**DK**+***-**DK**+***	***(*******)	实际作业人数	（符合轨行区安全防护要求，及其他标段作业特殊要求）	
01月02日	13:00-17:00	钢筋绑扎	**DK**+***-**DK**+***		实际作业人数		
01月03日	13:00-17:00	焊接	**DK**+***-**DK**+***		实际作业人数		
01月04日	13:00-17:00	混凝土浇筑	**DK**+***-**DK**+***		实际作业人数		
01月05日	13:00-17:00	调试	**DK**+***-**DK**+***		实际作业人数		
01月06日	13:00-17:00	运输	**DK**+***-**DK**+***		实际作业人数		
01月07日	13:00-17:00	钢筋绑扎	**DK**+***-**DK**+***		实际作业人数		
施工单位负责人：		总监理工程师：					

图 6.74 轨行区施工作业周计划

图名	以人为视角安全管理（二）	图号	GD6-9（二）

(3) 作业申请表报调度室（图 6.75）

轨行区作业申请计划表

申请单位	##轨道交通#号线工程##工程##标	申请人		电话	
申请作业区(里程)			作业时间	如:13:00-17:00	
作业内容（详细）	(管理人员及施工负责人联系方式，进入轨行区人数。描述作业具体内容，是否占用轨道，是否使用小车，是否使用脚手架，能否及时避让等)				
采用的防护措施	两端设置防护，专职防护人员携带红、黄闪灯及对讲机。作业人员穿戴反光服、安全帽，警示标志、昼夜通用防护信号灯，符合执行区设置防护的具体要求。				
是否使用工程列车	是/否	是否占用轨道		是/否	

注：此表一式2份，申请单位、调度室各持一份；此表由申请单位填写，申请单位应在规定的时间内按照规定要求及时上报。

图 6.75 轨行区作业申请计划表

(4) 下发作业令（图 6.76）

施工作业令

施工单位	##轨道交通#号线工程##工程##标	施工负责人		电话	
是否使用工程列车		是/否	是否占用轨道		是/否
调度室批准情况	批准作业区段				
	批准作业时间	如::13:00-17:00			
	同区段内其他作业情况	##轨道交通#号线工程##工程##标，轨道车轨排运输。##轨道交通#号线工程##工程##标，临边作业施工。##轨道交通#号线工程##工程##标，安装电缆等			
	需增加安全防护要求	(特殊安装防护要求)			
	其他应注意事项	(其他单位作业，安全风险源)			
批准人	(调度室)	电话		日期	

注：此表一式2份，申请单位、调度室各持一份；此表由申请单位填写，申请单位临时变更作业内容前必须征得调度同意。

图 6.76 调度室下发施工作业令

图名	以人为视角安全管理（三）	图号	GD6-9（三）

6.4.1.2 进入途中

(1) 地面管理单位门禁（图 6.77）

图 6.77 地面管理单位门禁设置

(2) 铺轨基地、临时通道门禁（图 6.78、图 6.79）

图 6.78 铺轨基地门禁

图 6.79 临时通道登记门禁设置

(3) 通过临时通道、站台层、站厅层（图 6.80）

(a) 临时通道

| 图名 | 以人为视角安全管理（四） | 图号 | GD6-9（四） |

(b) 站台层

(c) 站厅层

图 6.80 临时通道、站台层、站厅层

（4）轨行区门禁（图 6.81）

图 6.81 轨行区门禁

6.4.1.3 进入轨行区

（1）防护措施

1）防护地点应设在作业区段两端各 100m 处（如遇曲线，防护地点设置在作业区段两端各 150m 处）。含联络线的作业区间也应在联络线处设防护点，其他影响临线行车时，对临线也应进行防护；

2）每个防护点应设红闪灯、至少在每个作业区间两端的防护点应各设一名防护员；

3）防护工作要坚持"谁防护、谁撤除"的原则，防护一旦设置，其他人员不得擅自挪移、更改。在撤离作业人员和施工机具施工垃圾后，由防护员撤除防护信号；

4）防护员必须经过专业训练，专职防护，坚守岗位；对携带的红闪灯、对讲机、口哨等专用防护物品和工具进行检查，确保防护用品作用良好；

图名	以人为视角安全管理（五）	图号	GD6-9（五）

5）作业区间两端防护员及作业负责人应各持一台对讲机进行联络；

6）作业人员不得超出防护区域进行作业，否则将认定防护员的防护违规防护；

7）防护员手持防护号志防护，当列车接近时，防护员不能随意在线路中走动，应站在列车前进方向右侧（地铁是右侧行车制，面对来车方向左侧）显示防护信号。

安全防护如图6.82。

(a) 安全防护专员

(b) 红闪灯指示牌子

图6.82 安全防护

（2）施工作业

严禁超范围、超计划、无防护施工作业。

6.4.1.4 销点撤离

（1）施工作业的请点与销点手续，原则上应在轨行区调度室办理，特殊情况下的销点可以通过电话录音进行销点，并在电话销点后2h内到调度室补办书面手续。

（2）多方配合作业的施工，由牵头单位的施工负责人统一办理施工请销点手续。

| 图名 | 以人为视角安全管理（六） | 图号 | GD6-9（六） |

6.4.2 轨道车运行视角

轨道车运行视角安全管理流程图见图 6.83。

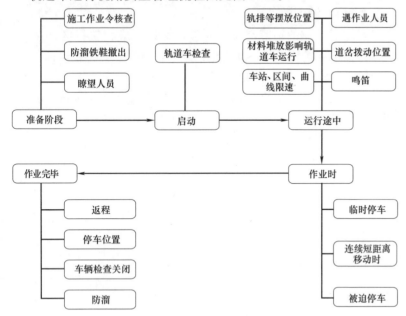

图 6.83 轨道车运行视角安全管理流程图

6.4.2.1 准备阶段

(1) 施工作业令核查

按照施工作业令内容，核对施工作业令作业区域时间，核对轨道车运行区域时间，并检查作业区域和时间内是否有其他单位作业，作业单位是否占用轨行区，是否占用轨道等（图 6.84）。

图 6.84 轨道车司机对作业令进行核查

| 图名 | 轨道车运行视角（一） | 图号 | GD6-10（一） |

（2）防溜铁鞋撤除（图6.85）

图6.85 启动前必须撤除防溜

1）等候时间超过60min时，副司机应对车辆采取防溜措施。
2）轨道车在沿线各站停车过夜时，必须采取防溜措施
3）凡是轨道车采取了防溜措施的，司机必须在操作台制动手柄上放置"车下有鞋、严禁动车"的警示牌，报日报时说明车辆防溜的情况。动车前由副司机撤出所有防溜用具后，经司机确认后方能动车。
4）轨道车与平板摘开作业时，要分头对符合上述条件的轨道车和平板作好防溜。

（3）瞭望人员（图6.86）

轨道车挂平板车作业时，需在轨道车平板前方设置一名轨道车副司机配备信号手电、对讲机，观察前方情况，及时用信号灯与轨道车司机沟通。

图6.86 轨道平板车瞭望人员

6.4.2.2 轨道车启动

轨道车启动打风，检查仪表、水、油、电路、制动试验等出乘前的系列检查操作试验（图6.87）。

(a)闸瓦厚度检查　　　(b)制动试验

| 图名 | 轨道车运行视角（二） | 图号 | GD6-10（二） |

(c) 检查车辆

(d) 防火仪器检查

(e) 制动缸行程检查

(f) 风表检验日期

图 6.87 轨道车启动检查事项

6.4.2.3 轨道车运行途中

(1) 运行途中，其他单位材料堆放影响轨道车运行。

(2) 车站、区间、曲线限速要求。

1) 工程列车在正线推进运行的最高速度限制为 10km/h。

2) 工程列车在正线牵引运行的最高速度限制为 15km/h。

3) 大件货物运输列车的最高速度限制为 10km/h（因弯道或线路情况需要采取特殊速度的，根据计算结果确定，但需征得轨行区调度室的批准）。

4) 道岔区域限速 5km/h，站台限速 5km/h。

(3) 运行途中，其他单位作业人员

在车辆临近其他作业区域时鸣笛，警示施工人员及时撤到安全地带并移开一切影响行车的超限物品，并停车确认安全后才能低速（不得超过 3km/h）通过。

| 图名 | 轨道车运行视角（三） | 图号 | GD6-10（三） |

（4）道岔拨动位置

1）未安装转辙机的道岔由轨道工程施工单位专职的扳道员扳道；已安装转辙机的道岔，不再加装钩锁器，由信号施工单位负责扳道。

2）每次作业完成后须将道岔恢复至原位并加以确认。

3）扳道员必须穿带有荧光条的工作服，在地面作业手持信号旗/在地下作业手持信号灯向司机/调车员显示标准的道岔开通和锁闭信号。严格执行"一看、二扳、三确认、四显示"制度。

4）装有手动装置的道岔必须加挂锁匙。

5）集中控制的道岔，单操后要进行锁闭操作，并将道岔加钩锁。接到作业完成的通知后进行解锁操作。

6）轨行区未安装转辙机的道岔均应设置专属编号钩锁器，其钥匙管理由各站铺轨单位统一保管，各单位使用时应根据轨行区施工作业令办理登销记手续。

7）轨行区道岔使用后保持直股开通状态并加钩锁器固定，除扳道员根据调度员命令操作外，其他人不得搬动

（5）鸣笛

在通过车站、道口、道岔、曲线、桥梁、路堑、施工地段时，应加强瞭望，适当减速并鸣笛，与前方瞭望人员呼唤应答（图6.88）。

图6.88 鸣笛、呼唤应答

6.4.2.4 作业时

（1）临时停车

1）在轨道车临时停车超过60min，需设置防溜铁鞋。

2）轨道车停车时间较短时，所有轨道车辆在调车作业中必须执行先防溜后作业的规定。

3）临时停车，作业人员不得随意上下轨道车，副司机（兼职并岗人员）在作业车移动前，确认作业台复位、人员归至安全位置、车辆移动方向线路具备动车条件后，用信号旗（灯）站在规定的位置引导车辆运行。

（2）连续短距离移动

| 图名 | 轨道车运行视角（四） | 图号 | GD6-10（四） |

1) 短距离连续作业时,发动机不得熄火。
2) 车辆需要移动时,司机与当日车辆监护人进行联控,并严格按其指令方向动车。
3) 轨道车前后的人员,必须位于安全距离,严禁依靠轨道车及轨道车平板,防止短距离移动时发生危险。

(3) 被迫停车时

轨道车在区间被迫停车不能继续运行时,应及时通知调度室,讲明情况,并迅速做好以下故障处理工作:鸣笛"一长三"短声的报警信号,并电告及时通知两端车站;立即按规定做好防护乘务员负责人组织抢修,采取应急措施,需要救援时,应立即求援。

6.4.2.5 作业完毕

(1) 停车位置

按照作业令的内容,到达指定规定地点停车,严禁随意停车。需要在站内停车过夜时,车上应设置双面红色灯光防护,并使用手制动,车上应有留守人员。

(2) 车辆检查关闭

车辆轨道车停放时应施行手制动并采取防溜措施,认真检查彻底盘各部零件有无松动及丢失。检查变速箱(液力变速箱)、换向箱、车轴齿轮箱的温升是否正常,密封件有无渗漏,对运行中发现的异常现象,要查明原因,及时处理。

长期停车或冬季应放尽发动机、水箱、水泵、散热器的冷却水;长期停车时,应停在干燥通风的环境下,并每月运转一次发动机进行保养,同时向蓄电池箱充电;检查轨道车上所带工具、备件及信号防护用品是否齐全、良好,法系那不良或缺少时,应及时修理和补充,为下一次出车做好准备;按使用说明书要求进行维护、保养、清洁工作

(3) 防溜

轨道车至少放置4个防溜铁鞋(图6.89)。

图 6.89 放置防溜铁鞋

7 工程进度管理

7.1 进度管理概述

7.1.1 进度管理的意义

在城市轨道交通工程建设中，轨道工程起着承上启下的桥梁作用，轨道施工进展顺利与否直接影响着工程的整体建设进度。实际建设中，往往存在征地拆迁滞后等诸多不可预见因素，易导致出现土建工程工期滞后的情况，导致轨道工程及站后机电施工工期更为紧张。进行有效的轨道工程进度管理，除了能保证轨道工程自身能按计划完成节点目标，还能督促土建工程紧张有序地开展施工；能够为机电安装施工提供设备安装的工作面和设备运输服务；能够发挥对施工空间、时间的协调作用，实现轨道、土建及机电各专业的高效交叉施工，并促进轨行区的安全管理；为热滑、动调及系统调试等关键工作提供基础条件。因此，在城市轨道交通建设中对轨道工程进度进行有效的管控显得至关重要（图7.1）。

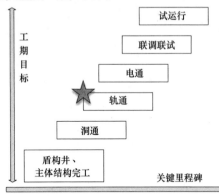

图 7.1　轨道工程在城轨建设中的重要地位

7.1.2 进度管理制度

轨道工程进度管理制度简介如图7.2。

图 7.2　轨道工程进度管理制度简介

| 图名 | 进度管理概述 | 图号 | GD7-1 |

7.1.3 进度管理一般程序

进度管理一般程序见图 7.3。

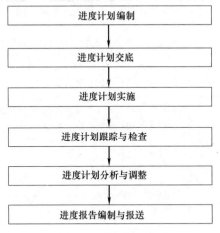

图 7.3　进度管理一般程序

7.2　进度计划编制

7.2.1　编制依据

进度计划编制依据见图 7.4。

图 7.4　进度计划编制依据

7.2.1.1　合同文件

根据合同文件的工期总要求和工程造价等要求，编制切实可行的进度计划，根据合同工期和总成本分析确定人力、材料设备等资源配置计划，提高工作效率，节约项目成本，保证合同工期按时或者提前完成。

7.2.1.2　项目管理规划文件

项目管理规划文件的主要内容见图 7.5。

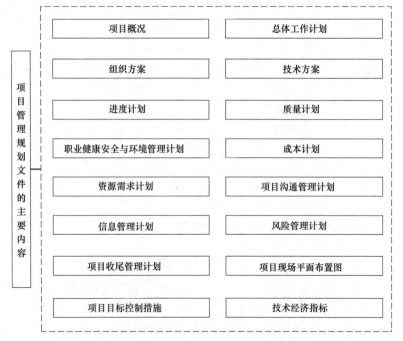

图 7.5　项目管理规划文件的主要内容

| 图名 | 编制依据（一） | 图号 | GD7-2（一） |

7.2.1.3 资源条件

进度计划编制要充分考虑既有资源条件，包括机械设备、资金、物资材料、技术管理以及人力资源等条件，按照经济、高效原则进行资源条件最优化选择，适当情况下可以补充、加强部分资源配置（图7.6）。

图 7.6 资源条件主要内容

7.2.1.4 内外部约束条件
（1）内部约束条件（图 7.7、表 7.1）

图 7.7 内部约束条件

内部约束条件 　　　　表 7.1

类型	约束方面	主要约束内容
组织	铺轨基地	(1)因客观因素，致使基地位置、数量不适合铺轨施工实际需求； (2)功能区布置不合理，场地整体效率降低
组织	正线铺设	(1)道床形式多，分布较分散，线路长； (2)影响正常轨道铺设的关键点需要采用人工提前预铺
组织	车辆段铺设	(1)车辆段涉及多个作业面，多个专业交叉作业； (2)道床形式较多，道岔多，数量多，施工难度大
组织	抢工期	(1)特殊情况赶工组织难度大； (2)与其他专业单位协调难度大
组织	信息交流	内部信息机构体系完善难度大，业主、总承包单位、专业施工单位等相互间沟通交流不便
组织	接口、工序、调度	接口单位众多，交叉作业情况复杂，施工工序上下需要协调紧密，轨行区调度管理难度大
人员	管理人员	(1)组织协调管理能力不足。 (2)人数配备不满足作业面数量要求。 (3)人员自身能力与岗位需求不匹配
人员	作业人员	人员数量不足，流动性大，班组配置不合理、施工经验不丰富，导致无法保证轨道施工安全、质量、进度
资源	材料	(1)材料供应商较少，供应数量不足； (2)材料需求与供给计划不合理
资源	机械设备	数量、搭配不合理，操作流程不规范，吊装运输计划不合理，大型机械设备成本高
资源	资金	成本控制分析和项目管理费用资金计划不完善或不合理

图名	编制依据（二）	图号	GD7-2（二）

(2) 外部约束条件（图7.8）

图7.8 主要外部约束条件

1）土建单位（图7.9）

图7.9 土建单位约束条件

① 调线调坡：在洞通后、轨道施工前需要进行调线调坡。在土建施工偏差较大的情况下，调线调坡工作量大，耗时较长，影响轨道施工进度。

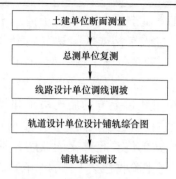

图7.10 调线调坡流程图

② 下料口设置：下料口的位置较远，会增加混凝土运输长度，延长混凝土运输时间；下料口尺寸较小，会造成钢轨等轨料不能完成吊装运输，影响提前下料。

③ 结构侵限：土建单位结构尺寸容易造成侵限，比如，站台边缘侵限地铁轨道机运行路径，需要在轨道施工到达前解决结构侵限问题，否则，影响轨道施工流水作业。

④ 轨顶风道：现浇式轨顶风道一般不与车站主体同时浇筑，施工周期较长，一般为45～60d。若采用满堂支架的方式，会占用轨行区线路致使轨道施工无法通过；甚至因测量设备无法通视，导致轨道基标也无法测设，进而导致轨道无法施工。

⑤ 人防门施工：地下线人防门门框要在铺轨前完成，否则人防门门框安装很困难。轨道施工需要通过人防门，轨排轨枕间距与人防门的门槛位置冲突，轨道车运行与人防门施工脚手架搭设位置冲突。

⑥ 区间联络通道：区间洞通后，需进行联络通道施工，结束后方能进行轨道施工。联络通道施工需要占据有限的隧道施工空间和时间，同时易引起周边土体产生不均匀沉降。

| 图名 | 编制依据（三） | 图号 | GD7-2（三） |

⑦ 积水、杂物：轨道铺设前要求底板清理干净，且无明水，施工用水和季节性雨水进入车站或区间易造成积水，清理积水用时用工，影响铺轨进度；土建单位施工脚手架、模板、附属设备等杂物堆积，未及时吊装移开，造成轨排或其他轨料无法进入作业面。

⑧ 洞口封堵：位于轨道上方的盾构吊出井等洞口封堵，若采用满堂支架的方式，会占用轨行区线路，甚至影响测量设备无法通视。

⑨ 验收移交：土建单位验收移交的顺序并不一定与轨道施工的方向、进度相一致，考虑验收移交工作的影响，轨道施工则需要进行预铺设或增加作业面，甚至停工，延长施工工期。

施工现场约束土建工程进度的有关条件见图 7.11～图 7.13。

(a) 底板垃圾清理

(b) 站台板侵限

图 7.12 清理积水和站台侵限现场图

图 7.11 下料口尺寸不便于下料

图 7.13 人防门施工

2) 站后单位

轨道施工涉及与土建单位、机电单位等多家单位的交叉作业，不仅存在安全风险，还影响轨道施工关键环节的工程进度（表 7.2、图 7.14）。

| 图名 | 编制依据（四） | 图号 | GD7-2（四） |

接口关系			表 7.2
序号	施工内容	与轨道专业交叉作业	轨道施工后才可施工	备注
1	供电、信号等预埋管线施工	√		联合隐检
2	安装电缆支架、挂电缆施工		√	
3	屏蔽门安装		√	
4	人防门安装		√	
5	疏散平台安装		√	

注："轨道施工后才可施工"指的是某一区段轨道施工结束，并不代表全线轨道施工结束。

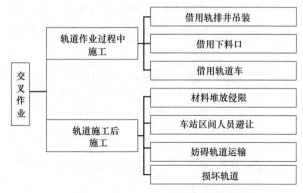

图 7.14 交叉作业常见情况

为避免管线漏埋、埋错位置，需要供电、通信、信号设计、施工专业与轨道设计、施工专业密切配合。

供电专业安装电缆支架及屏蔽门，需在铺轨后进行安装。

3）特殊情况

① 重大节假日：考虑法定节假日和地域特点的节假日的影响，综合编制轨道工程整体工期。

② 特殊气候条件：多雨季节或防汛期，雨水易通过预留孔洞等位置进入轨行区，清理积水和防汛用工人数多，增加人力物资投入，影响轨道施工进展。

③ 冻结法施工：联络通道采用冻结法施工，需要长时间占用隧道，冻结施工结束后需要进行注浆，待隧道沉降变形稳定后才可进行轨道施工。

④ 不可抗力因素导致的停工。

7.2.1.5 参考指标

本参考指标以正常的建设条件为前提，以合理均衡组织施工为原则，排除各种非正常因素的影响，综合我国当前的施工管理、施工技术、装备水平、劳动力、机械设备及机具等资源给出参考值。

（1）综合指标

《城市轨道交通工程项目建设标准》（建标 104-2008）给出的轨道工程（整体道床、含道岔）建设工期参考值为 50～60m（单线）/(班·日)。随着轨道工艺的不断发展，轨道施工进度指标也在不断地提高，目前轨道施工综合指标一般取 75m（单线）/(班·日)。

图名	编制依据（五）	图号	GD7-2（五）

(2) 单项指标（表7.3）

轨道施工进度单项指标表　　　　　表 7.3

序号	作业类型	单位	参考值
1	一般整体道床	m/(班·作业面)	50～75
2	梯形轨枕整体道床	m/(班·作业面)	25～50
3	隔离式减振垫整体道床	m/(班·作业面)	30～50
4	钢弹簧浮置板	m/(班·作业面)	25～50
5	单开道岔	d/组	7
6	交叉渡线	d/组	28～30
7	碎石道床	m/(班·作业面)	100
8	钢轨焊接	m/(班·作业面)	200～300
9	轨道附属施工综合进度	m/(班·作业面)	300

7.2.2　控制性与作业性进度计划

（1）组织应根据整体要求制定控制性进度计划，其作用是对进度目标进行论证、分解，确定里程碑时间进度目标，作为编制实施性进度计划或其他各种计划以及动态控制的依据（图7.15）。

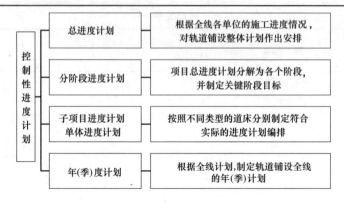

图7.15　控制性进度计划主要内容

（2）项目经理部根据业主下发的决策，进行组织管理，编制作业性进度计划。作业性进度计划根据控制性进度是作业实施的依据，其作用是确定具体的作业安排和相应对象或时段的资源要求（图7.16）。

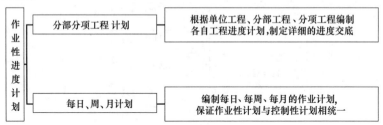

图7.16　作业性进度计划主要内容

7.2.3 计划编制程序
轨道工程进度计划编制程序见图 7.17。

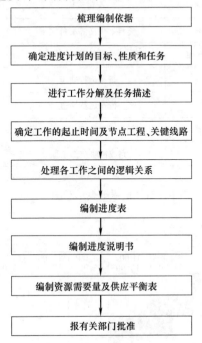

图 7.17 轨道工程进度计划编制程序

7.2.4 表达方式
编制进度计划表达方式一般可采用文字说明、里程碑表、工作量表、形象进度图、横道图、网络计划图等方法。作业性进度计划必须采用网络计划方法或横道计划方法（图 7.18）。

图 7.18 主要表达方式

（1）网络计划（图 7.19、图 7.20）

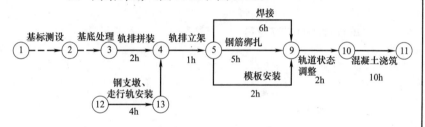

图 7.19 一般整体道床施工双代号网络图

| 图名 | 计划编制程序 | 图号 | GD7-4 |

6
9
轨排拼装
8
10
轨排立架
8
16
钢筋绑扎
14-15-16
15
8
16
焊接
15-16-17
16
16
25
混凝土浇筑
23-24-25
24
7-8-9
8
8-9-10
9
14
19
16-17-18
17
模板安装
14
19
16-17-18
17
轨道状态调整
1
1
2
3
4
7
8
8
10
8-事项最早开始时间
10-事项最迟结束时间
7-8-9
7-最快可能完成时间
8-最有可能完成时间
9-最慢可能完成时间

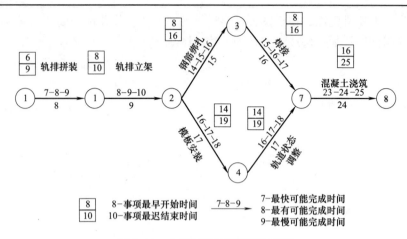

图 7.20 主要工序计划评审网络图

(2) 里程碑表（图 7.21）

里程碑表

序号	里程碑事件	交付成果	完成时间
1	施工准备	资料、生活等配备完备	2016年6月1日
2	建设铺轨基地	铺轨基地	2016年7月1日
3	短轨通	行车运行轨道	2016年11月17日
4	长轨通	行车运行轨道	2016年12月7日
5	线路精调	几何尺寸符合要求运行轨道	2017年1月7日
6	收尾施工	完成铺轨全部工程	2017年1月30日

图 7.21 里程碑表示意图

(3) 横道图（图 7.22）

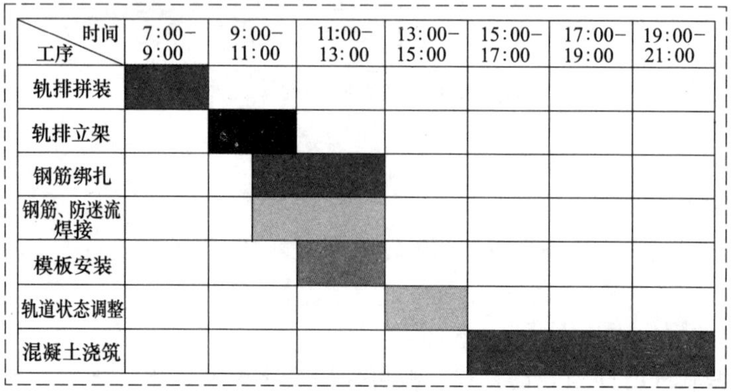

时间
工序
7:00-9:00
9:00-11:00
11:00-13:00
13:00-15:00
15:00-17:00
17:00-19:00
19:00-21:00
轨排拼装
轨排立架
钢筋绑扎
钢筋、防迷流焊接
模板安装
轨道状态调整
混凝土浇筑

图 7.22 主要工序横道图

图名	表达方式（一）	图号	GD7-5（一）

(4) 工作量表

1) 实施性进度计划表

实施性进度计划表：包括各区间长度、土建形式、轨行区移交时间、调线调坡时间、人防门施工情况、轨道前条件验收时间、线路总长度、道床结构类型及长度、施工起止时间、施工流向、施工任务划分及顺序等相关数据。详见图 6.24。

2) 月度生产计划表（图 7.23）

(5) 形象进度图

形象进度简图：清晰表达出轨道铺设的顺序，各区间长度，及道岔的位置和布置简图，左右线计划完成情况与实际完成情况的偏差，左右线的调线调坡资料是否已出、人防门是否在施工、条件验收是否完成、长轨焊接进度等。

位置	项目	单位	单价（万元）	数量	产值（万元）	月度计划	
						计划完成数量	计划完成产值(万元)
正线	一般段铺轨	条公里					
	中等减振段铺轨	条公里					
	高等减振段铺轨	条公里					
	特殊减振段铺轨	条公里					
	辅助线轨道铺轨	条公里					
	辅助线轨道铺道岔	组					
	线路有关工程	条公里					
	长轨焊接	条公里					
出入段线及联络线	铺轨	条公里					
	线路有关工程	条公里					
车辆段与综合基地	铺轨	条公里					
	铺道岔	组					
	线路有关工程	条公里					
铺轨基地	铺轨基地	处					

图 7.23 月度生产计划表示意图

图名	表达方式（二）	图号	GD7-5（二）

##轨道交通#号线轨道工程实施性施工进度计划表

序号	施工类别及线别	车站、区段盾构	线路起止里程 起点里程	线路起止里程 终点里程	土建形式	土建轨行区移交时间	调线调坡需求时间	铺轨条件验收最迟时间	人防门施工完成最迟时间（如在铺轨前施工）	线路总长度	道床结构形式及铺设长度 道岔整体道床	普通整体道床	梯形轨枕整体道床	减振垫浮置板整体道床	钢弹簧浮置板整体道床	施工日历天数 普通道床施工时间	梯形轨枕道床施工时间	减振垫道床施工时间	钢弹簧道床施工时间	过车站、转线、停工等待	施工起止日期	施工流向	铺轨施工任务划分及顺序	备注
1	左线	工作井~A站	ZDK20+449.917	ZDK20+701.365	暗挖	2016年10月20日	已提供	2016年11月3日		251.448		251.448				3	0	0	0		2016年11月8日 ~ 2016年11月10日		2	利用间隙时间
2	左线	A站（铺轨基地）	ZDK20+701.365	ZDK20+965.378	矩形明挖	已移交	已提供	已验收	已完成	264.013	38.536	225.477				3	0	0	0					已完成
3	左线	A站~B站区间	ZDK20+965.378	ZDK21+891.704	圆形隧道	已移交	已提供	已验收		926.326		926.326				12	0	0	0					已完成
4	左线	B站	ZDK21+891.704	ZDK22+091.608	矩形明挖	已移交	已提供	已验收	2016年9月28日	199.904		199.904				3	0	0	0		2016年9月30日 ~ 2016年10月2日			
5	左线	B站~C站	ZDK22+091.608	ZDK23+289.604	圆形隧道	已移交	已提供	已验收		1197.996		1197.996				16	0	0	0		2016年10月3日 ~ 2016年10月18日			
6	左线	C站	ZDK23+289.604	ZDK23+499.494	矩形明挖	已移交	已提供	2016年10月17日	2016年10月17日	209.890		209.890				3	0	0	0	2	2016年10月19日 ~ 2016年10月23日			
7	左线	C站~D站	ZDK23+499.494	ZDK24+577.274	圆形隧道	已提供		2016年10月22日		1077.780		423.144	654.636			6	13	0	0		2016年10月24日 ~ 2016年11月11日		1	普通整体道床按单作业面每天75m指标，梯形轨枕道床按单作业面每天50m指标，提前考虑人防门施工时间及调线调坡需求，在铺轨到达5天前积极与监理联系轨道站铺轨条件验收
8	左线	D站	ZDK24+577.274	ZDK24+843.474	矩形明挖	已移交	已提供	2016年11月10日	2016年11月10日	266.200		266.200				4	0	0	0	2	2016年11月12日 ~ 2016年11月17日			
9	左线	D站~E站	ZDK24+843.474	ZDK25+644.707	圆形隧道	已提供	2016年10月17日	2016年11月16日		801.233		801.233				11	0	0	0		2016年11月18日 ~ 2016年11月28日			
10	左线	E站	ZDK25+644.707	ZDK25+854.384	矩形明挖	已移交	2016年10月25日	2016年11月27日	2016年11月27日	209.677		209.677				3	0	0	0	2	2016年11月29日 ~ 2016年12月3日			
11	左线	E站~F	ZDK25+854.384	ZDK26+530.419	圆形隧道	已提供	2016年10月27日	2016年12月2日		676.053		418.409	257.626			6	5	0	0		2016年12月4日 ~ 2016年12月14日			
12	左线	F站	ZDK26+530.419	ZDK26+679.919	矩形明挖	2016年11月6日		2016年12月13日	2016年12月13日	149.500		149.500				2	0	0	0		2016年12月15日 ~ 2016年12月16日			

图 7.24 实施性进度计划表示意图

图名	表达方式（三）	图号	GD7-5（三）

7.3 进度计划实施

7.3.1 计划交底落实

由业主或总承包单位传达给施工单位后，施工单位对各作业面作业人员进行计划交底，对每日、每周、每月、每（季）年计划进行拆分，对重要节点目标进行重点计划交底落实，保证上下进度计划的一致性，并在整个施工过程中周期性的进行进度反馈和及时更新的计划交底（图 7.26）。

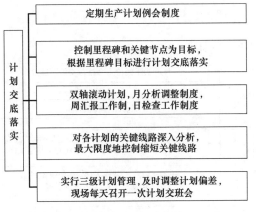

图 7.26　计划交底落实

7.3.2 计划实施措施

计划实施措施主要内容见图 7.27。

图 7.27　计划实施措施主要内容

（1）组织管理措施（图 7.28）

图 7.28　主要组织管理措施

| 图名 | 计划交底落实 | 图号 | GD7-6 |

（2）主要技术措施（图7.29）

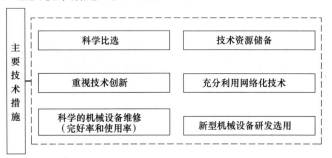

图7.29 主要技术措施

（3）主要经济措施（图7.30）

图7.30 主要经济措施

（4）调度工作措施（图7.31）

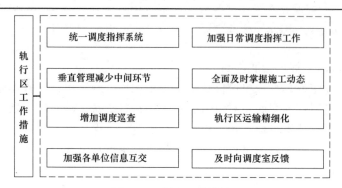

图7.31 调度工作措施

（5）各工序之间协调措施（图7.32）

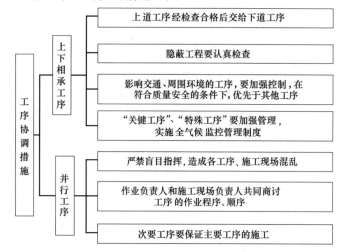

图7.32 各工序之间的协调措施

| 图名 | 计划实施措施 | 图号 | GD7-7 |

（6）特殊情况下赶工措施（图7.33）

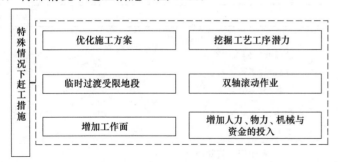

图7.33 特殊情况下赶工措施

7.3.3 重点控制措施

7.3.3.1 轨道工程重点控制措施

轨道工程重点控制措施见表7.4～表7.7。

轨道工程作业面控制措施 表7.4

重难点	控制措施	优点分析	缺点分析
施工作业面受限	利用沿线盾构井，开设人工轨道作业面，采用"人工散铺法"施工	缩短施工时间显著	增加劳动力、铺轨机具数量，施工具备一定难度
车辆段	车辆段轨道施工方向一般按照"从边到边"的原则，减少交叉轨道铺设的相互影响，纵向轨道一般按照库内整体道床和库外碎石道床分别作业的原则	提高作业效率，减少相互影响，缩短工期	协调难度大，资源投入增加
铺轨基地	铺轨基地各功能区布置满足施工要求，利用效率高	缩短整体工程工期	—
正线	正线一般进行正常铺轨施工作业，道岔铺设和特殊减振地段铺设采用预铺设	缩短整体工程工期	增加资源投入

轨道工程交叉作业控制措施 表7.5

重难点	控制措施	优点分析	缺点分析
相关专业对施工进度的影响	通过沟通协调、排除施工阻碍；寻找提前介入施工契机	确保施工顺利推进，提前介入，缩短工期	协调工作量大，不确定因素较多
轨行区管理	对进入轨行区的人员、设备等均要严格登记。精细化行车运输管理	提高轨行区施工功效	管理难度大，人员投入量大

| 图名 | 重点控制措施（一） | 图号 | GD7-8（一） |

轨道工程工艺工序控制措施　　　　表 7.6

重难点	控制措施	优点分析	缺点分析
施工工艺调整	采用道床一次性成型新工艺	提高施工功效，提高轨行区利用效率	因工序等要求，道床无法一次成型
施工措施调整	协调土建单位，沿线增设混凝土下料口	缩短混凝土运输时间	协调工作量大，存在不确定因素
道岔	（1）提前施工作业，尤其是正线部位道岔。（2）配备专业道岔拼装人员。（3）做好道岔保护工作，避免受损，造成返工	缩短整体工期	投入人员、设备、资金增加
中等、高等、特殊减振地段施工	（1）进行针对性的施工工艺标准、技术培训。（2）超前进行基础施工	缩短整体工期	增大人员、机械设备、资金投入
地下线成段移交时间长	短轨铺设和长轨施工交叉作业	长轨施工提前介入，缩短施工时间	轨行区管理和协调难度增加

轨道工程资源控制措施　　　　表 7.7

重难点	控制措施	优点分析	缺点分析
材料运输安排	（1）大件材料的运输必须在交管部门的协调组织下完成。（2）报送运输计划。（3）做好凌晨装卸安排	提高材料运输效率，保证材料及时进场	协调难度大，夜间运输材料量大
人员配备	配备足够数量的有经验和技术水平的人员	保障作业效率	管理难度、资金投入增加
材料	（1）提前组织好特殊物资的采购和运输。（2）对各种材料掌握库存数量和使用情况。（3）确保进料的质量	保证材料数量质量符合要求	—
大型机械设备	应制定详细的流水化作业的施工方案，精细调整吊装及运输顺序	减少相互影响，提高效率	方案编制不确定因素多
资金	成本控制分析、项目管理费用资金计划的精细编制	减少资金投入	—

图名	重点控制措施（二）	图号	GD7-8（二）

7.3.3.2 与土建相关重点控制措施

轨道施工必须在车站主体、盾构隧道、出入口 U 形槽、综合基地站房主体结构、调线调坡等完工之后进行施工。在土建施工进度滞后的情况下，轨道工程施工通常应采取的措施（图 7.34）。

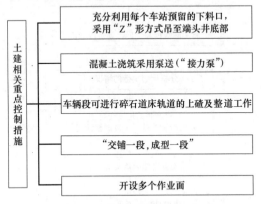

图 7.34 土建单位施工进度滞后措施

（1）在地下线施工时，充分利用每个车站预留的下料口进行轨道施工材料的倒运，轨枕等小型材料直接采用汽车吊吊至端头井底部，钢轨等材料采用"Z"形方式吊至端头井底部，再由人工倒运至工作面。

（2）轨道采用人工散铺的方法进行施工。混凝土浇筑采用泵送的方法，在距离太长时采用"接力泵"的方法进行浇筑，保证施工进度和浇筑质量。

（3）在车辆段轨道施工因作业面土建单位未移交而无法开展时，可进行碎石道床的上碴和整道作业，保证施工的连续性，防止出现窝工现象。

（4）结合各铺轨基地及区间车站移交时间，及时开设多个作业面进行轨道施工。见缝插针地组织施工，达到"交铺一段，成型一段"。

7.3.3.3 站后单位相关重点控制措施

站后单位相关重点控制措施见表 7.8。

站后单位相关重点控制措施　　表 7.8

重难点	控制措施
供电、通信、信号等专业的预埋管线	预埋管线位置需要各相关设计专业向轨道设计专业提供需预埋管线和沟槽的设计资料。施工现场各专业在隧道壁上进行标识，轨道混凝土浇筑前进行联合隐蔽工程检查。预埋管应在钢筋布设到位后绑扎焊接前放置到位，避免钢筋绑扎和模板支立完成后，再进行埋管，造成返工
供电专业电缆支架	在电缆支架安装前或其他施工作业前核实限界是否侵限
屏蔽门施工	在轨道铺设前，屏蔽门不能施工，车站屏蔽门施工基标需根据轨道实际高程和中线进行调整
人防门施工	地下线人防门门框要在铺轨前完成，否则人防门安装难度增大
疏散平台施工	疏散平台施工过程中需要注意对成品进行保护，避免破坏钢轨、道床和线路附属设备等，造成轨道工程的返工

| 图名 | 重点控制措施（三） | 图号 | GD7-8（三） |

7.3.3.4 铺轨前条件验收

铺轨前条件验收见表7.9。

铺轨前条件验收表　　　　表7.9

序号	条件	内容	验收要点
1	主控条件	施工方案	轨道专项施工方案编审、专家论证、审批手续齐全有效
2		管理办法	轨行区管理办法已制定，审批手续齐全有效
3		主体结构	主体结构已完成，(轨顶风道、站台板、区间联络通道等)满足设计强度要求
4		结构尺寸	结构尺寸已复核且符合设计要求
5		界限检测、水平贯通测量	车站、隧道等主体结构已通过净空限界检测和线路中线及水平贯通测量并满足设计要求
6		渗漏控制	底板底拱部渗漏情况满足轨道施工条件
7		清理工作	轨行区已清理干净满足轨道施工条件
8	一般条件	技术资料	相应技术资料齐全
9		材料及构配件	质量证明文件齐全，复试合格，通过验收
10		设备机具	特种设备安全技术档案齐全，进场记录齐全有效，安装稳固，防护到位，通过验收
11		分包管理	分包单位资质、许可证等齐全，安全生产协议已签署，人员资格满足要求
12		作业人员	拟上岗作业人员安全培训资料齐全，考核合格；特种作业人员类别和数量满足作业要求，操作证齐全，施工和安全技术交底已完成
13		风水电	施工风、水、电满足施工要求

7.4 进度计划的检查与调整

进度计划的检查与调整见图7.35。

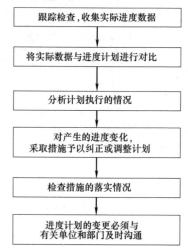

图7.35　进度计划的检查与调整流程

7.4.1 进度检查

对进度计划进行的检查与调整应根据其实施结果，在进度实施过程中对其进行检查控制。进度计划检查应按统计周期的规定进行定期检查，并根据需要进行不定期检查。

（1）进度计划主要检查内容，如图7.36。

图名	进度检查（一）	图号	GD7-9（一）

制度建设	工程进度管理办法	进度责任制	阶段性保证措施	责任部门及人员考核
施工组织设计及方案	实施性施工组织设计	施工组织设计交底	专项方案	技术方案交底
生产计划	内控目标	各级生产计划	人机料投入使用计划	
资源配置	劳动力人数、水平、能力	施工队伍管理	机械设备数量及维修	材料供应计划
现场检查	整改回复检查	起重吊装设备	围护设置	用电巡查
进度检查	形象进度完成情况	工程进度分析及对策	进度滞后措施	工程周（月）报
	完成产值	节点工期情况	进度日常检查记录	计划统计台账
应急管理	应急预案	应急物资与组织	事故调查处理制度	

图 7.36 进度计划主要检查内容

图名	进度检查（二）	图号	GD7-9（二）

(2) 进度检查表达方式

1）日报简表：每日公布各轨道标段的日完成工程量、月完成工程量和月完成比例、开工累计完成比例、剩余工程量、实际日指标和未来日指标、到达里程、到达车站/区间、剩余施工情况等信息，详见图 6.38。

2）产值完成统计表：根据不同减振类型道床、道岔、长轨焊接、线路附属工程进行每日、每周、每月及季度、开累产值统计，详见图 6.39。

3）月度统计表：统计当月各作业面或铺轨基地日完成量（图 7.37）。

形象进度检查表示意图见图 7.40。

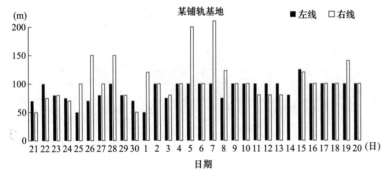

图 7.37 铺轨基地月完成情况统计表示意图

| 图名 | 进度检查（三） | 图号 | GD7-9（三） |

2017年1月1日			轨道工程日报简表													
标段	铺轨基地	线别	设计工程量(m/组)	日完成工程量(m/组)	月完成工程量(m/组)	月计划完成量(m/组)	月完成比例	开累完成量(m/组)	开累完成比例	剩余工程量(m/组)	实际日指标(m/d)	工等日指标(m/d)	未来日指标(m/d)	到达里程	到达车站/区间	紧后车站/区间	备注
X标	某铺轨基地	左线															人防门施工/调线调坡资料未出/土建未移交等
		右线															

图 7.38 轨道工程日报简表示意图

2017年1月1日								轨道交通 号线产值完成统计表								
序号	标段	位置	项目	单位	单价(万元)	单项施工产值(万元)	总计划完成数量	当日(周、半月、月、季、开累)完成						日完成量记录		备注
								日实际完成量	日实际完成量	计划产值(万元)		实际产值(万元)		完成率		上半月		
										分项	汇总	分项	汇总	分项	汇总	20日	...	21日
1	1标	正线	一般段铺轨	条公里														
2			中等减振段铺轨	条公里														
3			高等减振段铺轨	条公里														
4			正线铺道岔	组														
5			线路有关工程	条公里														
6			长轨焊接	条公里														
7		辅助线	铺轨	条公里														
8			铺道岔	组														
9			线路有关工程	条公里														
10		合计																

图 7.39 轨道产值完成统计表示意图

图名	进度检查（五）	图号	GD7-9（五）

7.4.2 进度调整
(1) 进度计划调整的原因（图7.41）

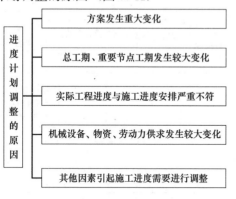

图7.41 进度计划进行调整的原因

(2) 进度计划调整的主要内容（图7.42）

图7.42 进度计划调整的主要内容

7.4.3 奖罚措施
主要奖罚措施包括年度奖罚、季度奖罚、节点奖罚。
(1) 季（年）度奖罚（表7.10）

季（年）度奖罚表　　表7.10

序号	季(年)度产值奖罚条件	奖罚额度（万元）	备注
1	$d \geqslant 110\%$	20	未发生安全质量等级事故，且无一级节点延误
2	$100\% \leqslant d < 110\%$	10	
3	$95\% \leqslant d < 100\%$	0	
4	$90\% \leqslant d < 95\%$	−5	
5	$85\% \leqslant d < 90\%$	−10	
6	$d < 85\%$	−20	

备注：d：季度计划完成率＝季度完成产值/季度计划产值×100％。

图名	进度调整、奖罚措施（一）	图号	GD7-10（一）

单月完成率小于85％时约谈项目经理；单月完成率小于75％或连续两个月完成率小于85％时，约谈参建单位主管生产的副总经理，要求副总经理定期来现场督导；连续两个月完成率低于75％时，约谈参建单位主要领导，要求其派遣公司副总经理到项目驻守。

（2）节点奖罚

节点奖励可以按照短轨通、长轨通、附属结构完工、竣工验收等关键节点和车站区间过程控制节点。

图名	进度调整、奖罚措施（二）	图号	GD7-10（二）

参 考 文 献

[1] 城市轨道交通2016年统计和分析报告［R］. 北京：中国城市轨道交通协会. 2017.
[2] 练松良. 轨道工程［M］. 北京：人民交通出版社，2009.
[3] 杨秀仁，吴建忠，张丁盛，李湘久等. 城市轨道交通轨道工程技术与应用［M］. 北京：中国建筑工业出版社，2016.
[4] 袁婧. 铺轨基地平面设计原理与能力计算初探［J］. 铁道标准设计. 2013（7）：34-35.
[5] 赵洵. 城际铁路铺轨基地设置方案比选与分析［J］. 铁路工程技术与经济. 2016（11）：21-25.